陕西省社科基金项目:《1940年代陕北老区佳县土改研究》(2019H012)
西安医学院博士启动项目:解放战争时期佳县党史资料整理与研究(2020DOC33)

黄土地的红色记忆
陕甘宁边区乡村社会变革研究

张雨新 著

西北大学出版社

·西安·

图书在版编目（CIP）数据

黄土地的红色记忆：陕甘宁边区乡村社会变革研究 / 张雨新著. -- 西安：西北大学出版社，2024.10.
ISBN 978-7-5604-5523-5

Ⅰ.K269.507

中国国家版本馆 CIP 数据核字第 2024KON932 号

黄土地的红色记忆
陕甘宁边区乡村社会变革研究
HUANGTUDI DE HONGSE JIYI
SHANGANNING BIANQU XIANGCUN SHEHUI BIANGE YANJIU

张雨新　著

西北大学出版社出版发行

（西北大学校内　邮编：710069　电话：029-88302590）
http://nwupress.nwu.edu.cn　E-mail: xdpress@nwu.edu.cn

全国新华书店经销　西安日报社印务中心印刷
开本：787 毫米×1092 毫米　1/16　印张：12

2024 年 10 月第 1 版　2024 年 10 月第 1 次印刷
字数：196 千字

ISBN 978-7-5604-5523-5　定价：56.00 元
如有印装质量问题，请与本社联系调换，电话：029-88302966。

目 录

论 1946—1947 年中共土地公债的政策与实践

  ——以陕甘宁边区绥德分区为例…………………………………… 1

1946—1947 年陕甘宁边区和平土改研究 ……………………………… 23

和平土改与陕甘宁边区的社会变革……………………………………… 43

1948 年佳县木头峪群众"赴县请愿"事件中的工作组与干群关系 …… 58

解放战争时期陕甘宁边区土改中的"变天"谣言及应对

  ——以佳县为中心的考察……………………………………………… 82

教材、教员、教法：抗战时期社会教育推动马克思主义大众化

  ——以陕甘宁边区冬学为中心………………………………………… 101

抗战时期陕甘宁边区农村的生育变革

  ——以陕北米脂县为中心的考察……………………………………… 120

论抗战时期陕甘宁边区农村妇女的社会教育

  ——以冬学为例………………………………………………………… 144

抗战时期援华医生的群众医疗观及其影响
　——以陕甘宁边区为中心的考察……………………………… 159

附　　录……………………………………………………………… 170

后　　记……………………………………………………………… 186

论 1946—1947 年中共土地公债的政策与实践

——以陕甘宁边区绥德分区为例

中国近代革命的中心问题是农民问题,农民问题的核心则是土地所有权。解放战争时期,中国共产党解决土地问题的办法有两种,最为人熟知的是一种采取暴力手段没收地主土地无偿分配给贫雇农的方式,另一种是采取非暴力的和平赎买办法,通过发行土地公债,征购地主长余土地由无地少地贫雇农有偿承购的办法,即本文所研究的土地公债政策,也被一些学者称为土地公债政策。关于中共在解放战争时期的土地公债政策或土地公债政策及其实践,杨奎松、黄正林、任晓伟、刘景岚、王有明、孙泽学等学者着重探讨了中共中央在陕甘宁边区、山东解放区实行土地公债政策的历史背景、经验和放弃该政策的原因[①],

---

① 杨奎松:《关于战后中共和平土改的尝试与可能问题》,《南京大学学报》2007 年第 5 期;黄正林:《论抗战时期陕甘宁边区的农业政策》,《西北师范大学学报》1999 年第 5 期;任晓伟:《1946—1947 年中国共产党对和平土改政策的尝试及其放弃》,《陕西师范大学学报》2010 年第 4 期;刘景岚:《中共"和平土改"的有益尝试——以陕甘宁边区为中心的考察》,《社会科学战线》2013 年第 7 期;王有明:《论党的土地征购政策在山东解放区的实践》,《中共党史研究》2007 年第 2 期;孙泽学:《论中共和平实现"耕者有其田"中的公债征购》,《中共党史研究》2010 年第 11 期。

为重新认识中共土地公债政策做出了卓有成效的探索。但囿于缺乏资料，尤其是地方档案的缺乏，现有成果对陕甘宁边区土地公债政策缺乏实证性分析，尤其是地主和贫雇农阶层对中共征购、承购政策试行效果的反应等问题未能深入探讨，因而对解放战争时期中共土地公债政策仍然有进一步研究的必要。有鉴于此，本文通过对陕甘宁边区绥德分区葭县①档案，结合《解放日报》关于绥德分区其他县域土地公债的报道，拟探讨中共土地公债政策在陕甘宁边区试行的效果及各阶层的反映。

一、经济改革与政治革命之间的张力

关于土地公债或土地公债政策的含义，杨奎松指出，"和平赎买"，就是采用和平的而非暴力的办法，相对温和的而非激烈敌对的态度，从地主手中取得土地，分配给无地、少地农民。②任晓伟认为土地公债就是以土地征购为核心的土地改革的构想。③刘景岚认为，土地公债就是和平赎买地主土地的政策，即使用征购的办法补充农民土地的不足，以实现耕者有其田。④从以上界定不难看出，包含土地公债或土地公债政策两个最基本的要素：一是采取发行公债，征购地主土地的办法分配给无地少地的农民；二是采取非暴力的、与地主协商的方式。

关于中共实行土地公债政策的原因，杨奎松认为，"中共中央在这个时候提出这样一种极为温和的土改方案，无疑是与军事形势紧张，而又高度重视统一战线工作的态度变化有关的。"⑤孙泽学也认为，中共实行土地公债政策，与

---

① 葭县早于1964年之前已更名为佳县，为现代读者阅读方便，本书采用"佳县"这一县名。
② 杨奎松：《关于战后中共和平土改的尝试与可能问题》，《南京大学学报》2007年第5期。
③ 任晓伟：《1946—1947年中国共产党对和平土改政策的尝试及其放弃》，《陕西师范大学学报》2010年第4期。
④ 刘景岚：《中共"和平土改"的有益尝试——以陕甘宁边区为中心的考察》，《社会科学战线》2013年第7期。
⑤ 杨奎松：《关于战后中共和平土改的尝试与可能问题》，《南京大学学报》2007年第5期。

巩固和平民主统一战线、缓和与地主阶级的关系、满足群众土地要求有关。①也就是说，通过和平的方式，既要满足贫雇农的土地要求以调动农民参加革命的积极性，又要不破坏和中小地主的统战关系，这是双重目的。这双重目的隐含了经济改革与政治革命的双重任务。一方面，在经济上调和地主与农民的利益。通过发行土地债券，有价征购地主土地，相较于采取暴力没收的方式，这种方式更能让地主接受，损失也更小。同时又能满足无地少地农民的土地要求，解决边区无地少地农民的土地问题。另一方面，达到政治上既动员农民参加革命，又维护与中小地主建立的统战关系的目的。因此，采取调和地主与农民利益的折中的土地公债政策是中共在陕甘宁边区解决土地问题的理性决策。

既然要照顾中小地主利益以保持统战关系，对地主采取一定程度照顾的土地公债政策是应有之义。事实上，中共的土地征购办法文本清楚体现了对地主照顾的目的。如《土地公债试行办法》明确规定："凡地主出租之土地，应留给其家中每人平均地数，比当地中农每人平均地数多百分之五十至一倍。"不仅要给地主多留地，而且要"注意留给部分较近或质量较好之土地"②。不仅政策文本要求照顾地主，各地在实际征购中也确实执行了这一照顾政策，如《佳县城关区城关市试办土地公债总结报告》中提到，给地主"留地原则，在一月二日讨论会上，决定给地主留一些好的地。"在该地执行土地公债干部的认识中，"我们虽然是征购地主土地，但地主之生活，我们也是照顾的"③。照顾地主已经成为陕甘宁边区土改干部必须遵循的一个基本原则和在实际工作中首先考虑的因素。

如何才能既照顾地主利益又能满足无地少地农民的土地诉求呢？怎样才能达到既实现消灭封建剥削的政治革命又实现解决土地不均的经济改革的双重任务呢？这是中共制定土地公债政策的双重考虑，是一种理想化的愿景。实际上，

---

① 孙泽学：《论中共和平实现"耕者有其田"中的公债征购》，《中共党史研究》2010年第11期。
② 《陕甘宁边区土地公债试行办法草案》，米脂县档案馆馆藏档案，档案号（0046-1-6）。
③ 《佳县城关区城关市试办土地公债总结报告》，佳县档案馆馆藏档案，档案号（1-1-20）。

政治革命与经济改革存在一定的张力，完美地实现双重目的有相当的难度。如果只强调经济改革意义上的平均土地，就会忽视政治意义上的消灭剥削阶级的革命任务，尤其是强调照顾地主利益就会束缚土改干部的手脚，无法真正在政治上领导农民开展对地主的斗争。实际工作中是不是出现了这样的问题呢？我们从陕甘宁边区绥德分区的土地公债的实践入手，分析二者在实际中的紧张关系和中共的解决办法。

事实上，边区各级土改工作组干部未完全理解土地公债政策的政治意义，将通过发行土地公债以实现征购地主土地由农民承购的政策片面理解为平均土地的经济改革。比如，佳县"有些同志在思想上认为，只要政府从地主手中征购土地，分配给农民就算完事了"。①因此，陕甘宁边区土改工作组下乡后，并不注意发动群众，而是采取干部包办代替的方式，将征购来的地主土地交给无地少地农民承购。因而，在农民看来，中共土地公债改革就是政府买来地主的土地再转手卖给农民，边区政府及其基层干部的征购、承购行为，和一般意义上的土地买卖没有本质上的区别。不仅农民如此看待，佳县县委宣传部"王部长认为土改是和平买卖"，②连党的县级政府干部也将土地改革等同于土地交易，可见在中共基层干部和农民心中，中共的土地公债政策就等同于土地买卖。

旨在解决农民土地问题并调动农民革命积极性的革命措施，居然被农民和党的干部都当成了土地交易，这显然不是制定者的初衷，但却是该政策调和地主与农民利益导致的必然结果。在思想认识上，土改干部把土地改革当成了仅仅是解决贫苦农民土地问题的经济改革，采取了用经济手段解决的办法——土地交易，没有认识到中共实行土地改革的深层次目的在于动员农民以赢得革命胜利的政治革命，因而忽视了发动群众，动员群众。1947年3月，佳县县委分析土地征购工作的缺点时指出，"没有认清楚发动群众直接参加斗争，是完成土地改革的基本环节。一般说来，我们没有去发动群众，不理解土地改革是农民

---

① 《绥德地委关于土地改革工作中的几个问题》，佳县档案馆馆藏档案，档案号（1-1-75）。
② 《佳县土地会议材料》，佳县档案馆馆藏档案，档案号（1-1-43）。

自己的事，是要农民起来向封建势力作斗争，彻底打破封建剥削。"①由于没有认清楚此次土地改革的政治意义，因此干部们在农民的眼中成了"土地贩子"，和传统意义上的土地交易中介人没有太大的区别，从地主手里征购土地，转手卖给农民，"把一个严重的土地改革变成了大规模的买卖土地。"②陕甘宁边区1946年下半年到1947年3月的土地赎买政策在实践中忽视了中共革命的目的，注定在实践中要进行调整。

关于陕甘宁边区土地公债政策试行的效果，杨奎松、任晓伟、孙泽学等学者多采用李维汉的《回忆与研究》《解放战争时期土地改革文件选编》的观点以及《解放日报》关于边区政府派赴绥德、米脂和庆阳的三个工作团的报道进行分析，得出的结论基本一致。如孙泽学认为，通过土地公债可以使地主把长余土地完全拿出，群众以低价购买土地，这一方式很受欢迎，社会反响也很好。因而他们认为土地公债政策试行的效果与中央认为"用公债征购土地分给农民的办法，很可在各解放区采用"的观点完全一致。似乎土地公债政策制定后，得到了地主和农民群众的一致赞同。这种未能基于地方资料支撑的结论将原本在实践中丰富复杂的土地公债政策简单化了，不符合历史的多面性。以下本文将从地主和农民两个阶级分析中共土地征购政策在陕甘宁边区试行的效果及遇到的困境以及解决的办法。

二、征购地、献地与地主的多重考量

《陕甘宁边区土地公债实行办法草案》规定，对于地主超出当地中农平均数量的土地要以发行土地公债的方式予以征购，土地公债的价格最高不得超过当地平年两年收获量的总和，最低不低于一年收获量的总和。③但地价与土地质量

---

① 《佳县土地改革之初步检讨及今后意见》，佳县档案馆馆藏档案，档案号（1-1-21）。
② 《佳县土地改革之初步检讨及今后意见》，佳县档案馆馆藏档案，档案号（1-1-21）。
③ 《陕甘宁边区土地公债试行办法草案》，米脂县档案馆馆藏档案，档案号（0046-1-6）。

有很大的关系，按理应该按照土地质量的好坏给予地主不同等次的土地公债价格，但为了方便，"在征购时，未分上中下，均以中等计算"，如佳县神泉区上等土地平年产量四斗、中等土地三斗、下等土地二斗，这次均以三斗计算征购价格。①佳县土地质量以南区为最好，中区次之，北区土地质量最差，因而各地征购价格有一定的差异。土改工作组规定：南区、中区和北区②土地承购价格分别为三斗半、二斗和一斗米。而此三区平年的收获量分别为四斗、三斗和二斗粗粮。③按照当时通用的细粮一斗相当于粗粮二斗计算，佳县土地征购价格略低于两年收获量而高于一年收获量，处于征购条例最高标准和最低标准之间。绥德县贺家石村的地价，"经农会讨论，大家决定，每垧地价为一年半之常年收获量。"④可见，绥德分区绥德县贺家石村和佳县均在征购土地条例的最高标准和最低标准之间寻找了一个中间标准。

那么，这样的价格与当年土地的市场价格是什么样的关系呢？根据档案记载，当年绥德县贺家石村上等土地的市场价格是每垧 7 石米，征购价格是每垧 0.45 石米；中等土地的市场价格是 0.7 石，征购价格是 0.3 石；下等土地的市场价格是 0.4 石，征购价格是 0.15 石。⑤各等土地的征购价格分别相当于市场价格的 6%、42.86%、37.5%。由于陕北多山地，水地极少，因而上等土地资源贫乏，价格极高，贫苦农民没有足够的资金赎买，因而征购价格远远低于市场价格。中等土地（川地）和下等土地（山地）的征购价格也仅相当于市场价格的 40% 左右。看来，中共征购地主土地的公债价格远远低于市场价格，有利于农民承购，而对地主来说是明显的损失。

这样的征购价格与当年的地租又是什么样的关系呢？"由于农民耕地十分

---

① 《神泉区初步报告》，佳县档案馆馆藏档案，档案号（1-1-20）。
② 佳县南区包括螅区、店区和倍甘区，中区包括城关区、乌区、神泉区、通区，北区包括古木、响石、车会区。
③ 《佳县城关区城关市试办土地公债总结报告》，佳县档案馆馆藏档案，档案号（1-1-20）。
④ 《绥德县新店区贺家石试行土地公债情况》，佳县档案馆馆藏档案，档案号（1-1-20）。
⑤ 《绥德县新店区贺家石试行土地公债情况》，佳县档案馆馆藏档案，档案号（1-1-20）。

缺乏，租额也是非常高的，全县各地土地肥瘠虽然不同，而定租额至少在年收成的百分之五十以上，伙种租额则占总收成的百分之六十至七十。"1943年佳县各镇每垧地的收成和租额见下表①：

1943年佳县各镇每垧地的收成和租额

联保	平均每垧收成	今年每垧收成	普通租额
城关、神泉、乌镇、通镇	5斗	4.5斗	2.5斗
螅区、店区、倍甘区	6斗	5斗	3斗
车会、响石、古木	4斗	3斗	1.5斗

从表中可以看出，土地质量最好的南三区的土地租额为当年收成的60%，中部四区为56%，土地质量最差的北三区为50%。土地质量越好，租额越高，质量越差，租额越低，但最低的租额也超过当年收获量的一半。按照中共在抗战时期的减租减息政策，平年减租额度为25%，次平年为50%。从上表可以看出1943年的产量略低于平年产量，因而陕甘宁边区绥德分区专属规定当年为次平年，农民按照普通租额的50%给地主交租。以标准租额为2.5斗计算，在减租减息政策下，中等土地平年时农民交租为2.5斗的75%，即1.875斗，交租额是收获量的37.5%。次平年交租额是2.5斗的一半，相当于收获量的25%。即使减租减息，农民每年仍将收获量的四分之一到三分之一当作地租交给地主。中共实行征购地主土地政策后，农民只要交付一年半左右的收获量就能取得土地所有权，相当于减租政策下五年的地租就可以赎买到土地所有权。因而，对于地主来说，中共的土地征购政策比抗战时期的减租减息政策令其损失更大，减租政策下地主只是地租收入减少，但仍拥有土地所有权，而征购政策会导致其失去部分土地的所有权。在这样的背景下，地主对于中共的土地征购政策会采取什么样的对策呢？笔者分析绥德县贺家石村和佳县各区土地征购时地主的反应，将其态度分为三种类型：

---

① 《佳县土地租佃关系的减租工作初步材料》，佳县档案馆馆藏档案，档案号（1-1-1）。

1. 出于本能的消极对抗态度

由于中共已经在陕甘宁边区建立了巩固的革命政权，又有政策上的依据，虽然大部分地主不愿意土地被征购，但也无法公然对抗，出于人的本能，一方面对工作队干部诉苦哀求，甚至哭穷；另一方面采取瞒报土地面积、质量，借口土地契约丢失而不交出等消极对抗的办法表达自己的不满。如佳县城关区城关市地主计绍秀，有6口人，1个劳动力，有地158垧。先前只报了109垧地，后来又报了10垧。最后又报了39垧。"他总是不想往出报。看下没法，才往上报地。"①再如佳县古木区第三乡陈家村，该村地主较多，不愿如实汇报土地面积，都采取瞒报的方式消极对抗征购政策。工作组姬少峰同志到该村后，起初找不到一个村干部，因为村干部不是地主就是富农，如村行政主任陈新善就是地主成分。由于干部会议无法召开，只能听凭地主自报土地数量，"这样隐瞒的就不少"。经过发动群众进行二次登记后，该村"又多搞出土地130多垧"。②瞒报、少报成为地主消极对抗中共政策惯用的方式。

除个别地主隐瞒不报外，假典假卖或不交地约等现象也常有发生。如调查佳县店区五乡木头峪村地主苗芳田时，他说土地契约于土地革命时烧了，后又说于民国三十二年（1943）减租运动时被农民拿走了，拒不交出土地契约。木头峪村苗贵芳于工作团来后第二天将自己四孔窑偷卖了。地主张云庆报了五块地，其中四块地都或多或少的少报了一些。③木头峪村地主或瞒报、少报土地面积，或提前偷偷卖地卖窑，采取各种消极对抗的办法，力图将征购的土地的损失减到最小。尤其是部分地主存在"变天"的幻想，拒不交出土地契约。

---

① 《佳县城关区城关市试办土地公债总结报告》，佳县档案馆藏档案，档案号（1-1-20）。
② 《古木第三乡试办土地征购工作初步总结材料》，佳县档案馆藏档案，档案号（1-1-20）。
③ 《店镇区五乡土地公债试办总结材料报告》，佳县档案馆藏档案，档案号（1-1-20）。

2. 发自内心积极支持的态度

实行耕者有其田的土地政策是中共赢得农民支持的关键。抗战时期由于建立抗日民族统一战线的需要，中共放弃了无偿没收地主土地的政策，虽然仍承认地主的土地所有权，但由于减租减息及合理负担政策，地主土地占有数量已经显著减少。抗战胜利后，地主阶级与农民阶级的矛盾上升为国内主要矛盾，因而再次实行耕者有其田的土地政策是中共动员农民的必然选择。边区开明地主在抗战时期与中共建立了良好的统一战线关系，对中共有相当程度的政治信任，因而当中共将减租减息变为征购地主长余土地政策后，这些开明地主，尤其是参与了各级民主政权干部身份的地主能够主动献地，如实汇报土地面积和产量，积极支持征购政策。如绥德县贺家石村地主党仲昆在这次土地征购中把152垧土地无偿献给了穷人。他在大会上说："人家说'家当'是赚的，起先当然是赚的，可是后来就是靠钱剥削人家的。这次实行土地公债，我很高兴。现在人家还借住些我的窑，我愿把这些窑献给没窑住的人。"①档案资料也进一步揭示了作为地主身份的党仲昆的心态，他说最初土地是地主靠劳动赚下的，后来土地稍多，自己不参加劳动，只靠吃租子过活，但土地却日渐增加，那就说明土地是众人赚下的，地主自己只知道享受，因此，"现在就要改变这几千年来的不合理制度"。②党仲昆身为绥德县政府三科干部，长期在中共领导下的革命政府工作，对中共政策比较了解，也真心支持，其献地举动可以认为是他真心愿意帮助贫苦农民翻身的良好愿望。

除了在民主政府任职的干部出身的地主积极支持外，还有开明地主也积极支持中共土地征购政策，主动献地。如佳县店区木头峪地主苗志雄（又名苗贵芳）在地主座谈会上说道，过去的社会不合理，地主家庭都是不劳而食，对国

---

① 《绥德新店区贺家石村试行土地公债胜利完成，六十余户贫苦农民购回土地四百廿余垧》，《解放日报》1946年12月20日。

② 《绥德县新店区贺家石试行土地公债情况》，佳县档案馆馆藏档案，档案号（1-1-20）。

家没有贡献，他认为实行土地公债，是"最合理的了"。①他家"以前有地百余垧，前给学校捐出十垧、卖出一些，现只有四十五垧地。在这次号召下，他又愿自动献出一些地来，自己愿过贫农生活。"②苗志雄家世代行医，平日在村中为穷人免费治病，为人和善，在群众中威信极高。笔者于2016年10月在佳县木头峪村访谈了苗志雄的弟弟苗贵凡老人，据他讲，当年他家土地较多，全部雇人耕种，由于苗志雄有文化，自己出资创办了村小学，对共产党的政策有一定的了解，认为共产党都是为了人民，而自己行医、办学也是为了群众。因而，看到征购土地政策成为大势所趋后，自愿献出部分土地给贫苦农民耕种。

正如《倍甘区土地改革工作报告》分析，"一部分开明地主对政策有意识，因此献出的地好坏远近搭配着，群众没有什么意见。"③如佳县倍甘区六乡高家塄村地主高明先，有50垧地，9口人，自种27垧，其余出佃、出租、出典，此次除自种27垧外，其余土地全部献出。按照该村中农平均每人4垧计算，高明先应留土地36垧，现在所留的27垧还不够中农的标准，因而农会提出留地太少，让来让去的结果是给他留了31垧，④但仍不足中农平均土地数。

3. 表面积极支持、实际以求损失最小的利己态度

征购价远低于市场价格，大部分地主不会心甘情愿卖出土地，况且对传统北方农民来说卖地如同卖房一样，是败家子的行为，不到万不得已绝对不会卖出土地。佳县《倍甘区土地改革工作报告》中指出"一般地主，不管他心里如何，但表面上都还不错"。⑤从侧面显示，大部分地主虽然表面上乐意献地、支持征购，但内心应该是很复杂的。当绥德县贺家石村地主党仲昆在工作团召开

---

① 《店镇区五乡土地公债试办总结材料报告》，佳县档案馆馆藏档案，档案号（1-1-20）。
② 《佳县减租概况》，佳县档案馆馆藏档案，档案号（1-1-20）。
③ 《倍甘区土地改革工作报告》，佳县档案馆馆藏档案，档案号（1-1-20）。
④ 《倍甘区土地改革工作报告》，佳县档案馆馆藏档案，档案号（1-1-20）。
⑤ 《倍甘区土地改革工作报告》，佳县档案馆馆藏档案，档案号（1-1-20）。

的地主会上说"解决土地问题，不但对穷人好，对地主也好"，但大部分地主并未响应，大都"保持沉默，不表示态度，但从他们当时的情绪及事后的反应看来，都不痛快"。该村农会代表也认为，"地主口头上是说开明，心里头实在不痛快。"①但地主们也知道土地还家是大势所趋，从抗战时期实行的减租保佃及合理负担的效果来看，佳县"大部分地主则因近年来减租减息、公粮重而感到土地对于他们是个累赘，有些地主便提出无偿献地。"②所以他们情愿献出部分长余土地，倒不是因为他们支持中共土地改革政策，而是他们从利益最大化和损失最小化原则做出的选择。

献地是地主主动的行为，不但能够显示自己"开明"的政治态度，更因为在献地时可以"乘机取巧，献坏地，献远地，献坰小的地"③。而在留地时，地主可以尽可能多给自己留好地、近地。虽然土地绝对数量减少了，但因为献出的是产量不高、不便于耕种的土地，这些土地按照地主的话来说"一年下来，地上营的利，不够负担"。④与其每年所收地租还不够给政府交纳的负担，还不如主动献出后，可以在留地时给自己尽可能留下产量高、方便耕种的好地、近地。因此，当贺家石农会提出"献地的地主可以自己挑选留哪些地，征购的地主留哪些地需要农会评议"时，该村地主党志倬听了，便再三提醒其兄（志仁、志义）献地，说："献地的留地由自己挑，征购的要由人家农会决定哩！"其意为借献地之名，尽量留下好地和近地。⑤党志倬不但没有消极对抗土改政策，从表面上看还主动献地，但其献地行为更多是从减少损失的角度出发。

---

① 《绥德县新店区贺家石试行土地公债情况》，佳县档案馆馆藏档案，档案号（1-1-20）。
② 《佳县土地公债初步报告》，佳县档案馆馆藏档案，档案号（1-1-21）。
③ 《倍甘区土地改革总结报告》，佳县档案馆馆藏档案，档案号（1-1-20）。
④ 《绥德县新店区贺家石试行土地公债情况》，佳县档案馆馆藏档案，档案号（1-1-20）。
⑤ 《绥德县新店区贺家石试行土地公债情况》，佳县档案馆馆藏档案，档案号（1-1-20）。

三、承购后贫雇民的复杂心态

按照陕甘宁边区征购条例规定,由边区政府发行土地公债征购地主长余土地后,按照征购价格的半数由无地少地贫雇农承购,承购的价格分十年付清。对于家境贫寒无力缴付的贫雇农,政府可免其缴付。如前文所分析,征购中等土地和下等土地的征购价格约为市场价格的40%,相当于一年半平年土地收获量,农民的承购价格为征购价格的一半,即市场价格的20%左右。承购后约用一年收获量就可偿清承购价格,价格相当低廉,这对世代渴望拥有土地的陕北农民来说肯定是莫大的好消息,所以他们积极承购土地并努力生产、支前应当是理所当然的。但实际情况并非如想象中那样简单,农民对承购土地的态度分为四种类型:

1. 积极承购,对土改政策充满感激

贺家石村作为试点,从1946年11月25日开始试办土地公债,经过9天时间便宣布胜利完成征购与承购工作。"全村六十一户无地或地少的农民,用十九石八斗米,买得了四百二十四垧半地(内有典地一百四十一垧半);卅户无窑住的人,用十八石四斗米,买得二十孔窑和两块窑的崖面。"①仅仅用了9天时间,该村61户无地少地的农民便取得了420.5垧土地,平均每户承购了6.9垧。无地少地的人有了土地,无窑居住的30户人家还买了22孔现成的窑洞。基本上达到了该村"中等中农每人平均土地二垧半"②的标准,绝大部分无地少地的贫苦农民都承购到了土地,因此他们对此次土改十分满意。

利用发行土地公债征购地主土地的和平赎买方式,贺家石无地少地的农民

---

① 《绥德新店区贺家石村试行土地公债胜利完成,六十余户贫苦农民购回土地四百廿余垧》,《解放日报》1946年12月20日。
② 《绥德贺家石村征购地主土地的工作介绍》,米脂县档案馆馆藏档案,档案号(0046-1-6)。

取得了梦寐以求的土地，摆脱了受剥削的命运，因而他们十分感谢政府的土地公债政策。43岁的王怀义，11岁起开始揽工，揽工31年仍没有积攒足够的资金购买一块属于自己的土地。在这次土地公债中，他买下8.5垧地、2孔窑和典种的5垧地。他狂喜地说："咱过去头顶人家的天，脚踏人家的地，这下典地成了咱的产业啦！真比'坐朝廷'还美哩！"①"坐朝廷"是什么滋味，贫苦农民自然是无法体会到的，但他们用自己所能理解的最美好的生活方式来表达获得土地的心情，说明了他们对土地公债政策的感激之情。米脂县桃镇区八乡艾绳命承购2垧地后，说："我揽了十几年工，没买下一堆地②，要没有共产党，永远也翻不了身，今后我要参加农会，保护土地。"③农民知道这次能够承购到土地得益于共产党的土地征购政策，认识到共产党是为了穷苦老百姓翻身的政党，获得了土地的农民从内心支持共产党的革命事业，积极劳动，保卫胜利果实。贺家石所在的乡农会主任刘茂林表示，以前租种地主土地，农民不愿意多施肥，不好好作务，生产情绪不高，因而1垧自地和1垧伙种土地的收成相差很远，"这回一买地，可就能好好生产了。"④承购到1孔窑洞的佳县倍甘区白家硷白丑儿的母亲见到土改干部激动地说："听说我丑儿买得一眼（孔）窑，喜得我几夜睡不着觉。"⑤老太太认为这全是托了共产党的福了，是共产党给穷人谋的利益，激动之下晚上要请土改干部吃山药，第二天早上还要请其吃豆面。从土改中得到实惠的农村老太太用最朴实的语言和最热情的待客方式招待基层土改干部，以表达对中共土改政策的感激。

---

① 《绥德新店区贺家石村试行土地公债胜利完成，六十余户贫苦农民购回土地四百廿余垧》，《解放日报》1946年12月20日。
② "堆"，陕北有些也称作"咀"，是陕北土地面积单位，一般三堆（咀）相当于一垧，有些地方一垧相当于四堆（咀）、五堆（咀），甚至六堆（咀）。
③ 《土地改革教育了群众绥米等地农会扩大巩固》，《解放日报》1947年2月19日。
④ 《绥德县新店区贺家石试行土地公债情况》，佳县档案馆馆藏档案，档案号（1-1-20）。
⑤ 《倍甘区土地改革工作报告》，佳县档案馆馆藏档案，档案号（1-1-20）。

绥德沙滩坪区一乡郝家桥村是陕甘宁边区特等劳动英雄刘玉厚的家乡，1947年初，村民们通过集会的方式，庆祝通过土地公债使700多垧土地回到了自己的手上。"这正是严寒，在广场上，他们足足待了四个钟头，高声欢呼着。经过用土地公债征购的方法，土地回到农民的手里，像久别的亲人一样回来了。"他们有理由去集会庆贺，因为"从城市地主那里征购回来的七百一十六垧半土地要分配给农民。"①对于无地少地的农民来说，土地就是财富，就是家庭美好生活的希望。获得了土地的贫苦农民在严寒的冬天已经开始准备农具，准备来年春天的耕作，就连平日里好吃懒做的二流子王焕章，也因获得了7垧土地而转变，喊着要和刘玉厚比赛，他提高嗓子说："请大家放心，我一定好好生产，要是把庄稼荒了，大家把地收回去。"②二流子平时好吃懒做，不务正业，不排除因吃喝嫖赌败光祖先产业者，但也有部分二流子不务正业是因为没有土地耕种，给别人揽工既辛苦又无法改变生活，因而破罐子破摔。以低廉的价格承购到土地后，拥有了自己的土地，部分二流子开始转变，准备通过生产劳动发家致富。

2. 没有承购到好地的部分贫雇农对承购政策仍不满意

从陕甘宁边区政府关于征购地主土地条例和土地公债试行办法可以看出，中共此次想通过和平方式从地主手里获取土地，分配给无地少地的农民，既要解决农民无地、少地问题，又要照顾地主利益，维护与中小地主的统战关系。因此，在承购地主土地时，给地主多留地、留好地成为政策制定部门和基层执行者的共识。因而，征购地主长余土地由无地少地贫雇农承购后，地主土地绝对数量下降，但所留之地好地、近地较多。以佳县北五区之一的古木区为例，该区"二乡经去年（1947年，引者注）的土改，好地都集中在地富手里，坏地转到穷人手里。"③从该乡各阶层占有好地的比例可以清楚看出这一现象。

---

① 《期待着春天的来临——郝家桥农民承购土地迎接生产》，《解放日报》1947年2月4日。
② 《期待着春天的来临——郝家桥农民承购土地迎接生产》，《解放日报》1947年2月4日。
③ 《大稍梁指挥所会议记录》，佳县档案馆馆藏档案，档案号（1-1-72）。

佳县古木区一乡征购后各阶层土地占有情况

成分	项目					
	户数	人数	土地数量			
			上地	中地	下地	平均
地主	13户	65人	56.2垧	156.1垧	209.2垧	6.3垧弱
富农	3户	60人	55.1垧	170.3垧	242.2垧	7.3垧
富中	23户	121人	70.3垧	234.3垧	231垧	6垧强
中农	59户	252人	138垧	453.1垧	863.1垧	5.3垧强
贫雇农	213户	615人	79.2垧	844.1垧	1975.2垧	3.3垧强

资料来源：《各乡土地会议记录》，佳县档案馆馆藏档案，档案号（1-1-72）。

从上表可以看出，佳县古木区一乡全乡共有人口1113人，其中地主65人，占总人口的5.8%；贫雇农615人，占总人口的55%。全乡共有上地398.8垧，其中地主占有上地56.2垧，占全乡上地总数的14.1%，人均0.86垧；贫雇农占有上地79.2垧，占全乡上地总数的19.9%，人均0.13垧。占全乡人口5.8%的地主，占有全乡上地总数的14.1%，而占全乡人口总数55%的贫雇农仅占有全乡上地的19.9%。不仅地主占有全乡上地的比重比贫雇农高，而且地主人均占有上地的数量是贫雇农的6.6倍。众所周知，土地质量以及距离住地的远近与土地的产量具有密切的联系，拥有的上地数量多，意味着收获多。因而，部分承购到土地的农民认为给地主留好地、近地太多，农民虽然名义上获得了土地，但土地占有不公平的问题仍然存在，他们认为翻身不彻底，并未达到其平均占有土地的预期，对承购政策不满意。佳县倍甘区农民高承芳对干部说："那地太远，我怎也不要。"①倍甘区白家硷村主任白生春对承购到的土地不满意，对人表示："发了这么大一河水，轮到咱名下，才买得一垧地，唯咱灰！"农民预期获得一

---
① 《倍甘区土地改革工作报告》，佳县档案馆馆藏档案，档案号（1-1-20）。

份好地的愿望并没有完全实现，即使以极低代价承购到了一份土地，内心仍不满足。诚如倍甘区土改报告中指出的，"人上一千，样样俱全，个别不知足的还有不满呼声"，如白家硷白本义说"可惜没给我闹两畦园子！"①这些已经承购到土地的人对自己既得利益不满足，明明生产、生活条件比以前好了很多，他们仍不满足，期望得到更多的利益，这也是人在利益面前力求最大化的理性表现方式之一。

3. 无劳力不愿承购和担心"变天"不敢承购

佳县店镇区五乡一行政木头峪村有权承购者532人，而此次实际承购者只有283人；二行政村有权承购者147人，而实际承购者76人；三行政村有权承购者256人，实际承购者241人。②除三行政村实际承购者与有权承购者的比例较高外，一二行政村分别只有52%、53%的有权承购者实际承购了土地。有权承购的农民不承购土地的原因主要有三类：

一是劳力不够，无力耕种过多的土地，因而不愿承购。如绥德县贺家石村有4户农民不愿承购土地，其中一户因为年岁较大，家里只有一个58岁的劳力耕种8.5垧土地，不愿承购土地。另一户是半农半商，家里只有一个劳动力，除种地外，还挑货郎担子走街串巷卖货，也无力耕种过多的土地而不愿承购。③

二是有"变天"思想或顾虑不愿或不敢承购，如贺家石一户不愿承购土地的是地主的狗腿子，思想一贯落后，盼着国民党返回"变天"而不承购。怕"变天"是分地农民，尤其是新解放区及边境地区农民常见的心态，一些反动地主也以"变天"来威胁农民。镇原县三区三乡地主白凤梧对佃户陈三喜说："你现在不交租，八路军走了你小心！"因此，该佃户仍按原租额足数交给地主，自己却借三分高利买粮吃。在该县县区乡三级干部会议讨论中即有干部反映因平

---

① 《倍甘区土地改革工作报告》，佳县档案馆馆藏档案，档案号（1-1-20）。
② 《店镇区五乡土地公债试办总结材料报告》，佳县档案馆馆藏档案，档案号（1-1-20）。
③ 《绥德县新店区贺家石试行土地公债情况》，佳县档案馆馆藏档案，档案号（1-1-20）。

时宣传教育不够，在一部分干部群众中产生了怕"变天"的思想或顾虑。①减租减息时期有此类因怕"变天"不敢减租的事例，征购承购时期也不鲜见。

绥德地区所属之绥德、米脂、佳县距离国民党占领的榆林城最多不过100公里，近者如佳县、米脂北部乡镇与榆林城毗连，属于红白交界地带，"土地革命时，此地红白对立非常尖锐"。如绥德县贺家石村民因执行中共减租减息政策，而受到从榆林返回该村的地主武装头子党自伟杀戮。②因而，部分老实农民担心中共政权能不能持久，如果承购了地主土地可能会在国民党返回后遭到反攻倒算，对"变天"的恐惧超过了承购土地的诱惑。因而，少部分害怕"变天"的农民不敢承购土地。

4. 过去租种较多土地、此次被抽地的贫雇农对承购政策不满

并非承购土地的全体贫雇农都对政策感到满意，一些过去承租地主土地较多的农户，这次承购了一部分地主土地，但"又抽出一部分租地，由人买。因此自地增加了，耕地却减少了。"③由于他们自地较少，但家庭劳动力多，因而过去租种地主土地较多，现在将一部分自己租种的土地由别的贫雇农承购后，耕种面积减少，获利较土改前反倒降低，因此对中共承购政策并不满意。如佳县店镇木头峪村退地租户表示不高兴，甚至说"我还不如过去"，"我没有翻身"。④佳县倍甘区原先租种较多土地此次又被抽地较多的农民抱怨说："买得三四垧，抽了十几垧，革命把咱革住了。"⑤他们认为自己租种的土地被抽走和地主土地被征购是同样的性质，自己也和地主一样成了中共土改的对象了，这当然是他们对征购承购政策不了解所致，因此对中共土改政策不满。当然，这部分人数极少。

---

① 《镇原检讨查租，奸诈地主欺压佃户》，《解放日报》1946年9月6日。
② 《绥德县新店区贺家石试行土地公债情况》，佳县档案馆馆藏档案，档案号（1-1-20）。
③ 《绥德县新店区贺家石试行土地公债情况》，佳县档案馆馆藏档案，档案号（1-1-20）。
④ 《店镇区五乡土地公债试办总结材料报告》，佳县档案馆馆藏档案，档案号（1-1-20）。
⑤ 《倍甘区土地改革总结报告》，佳县档案馆馆藏档案，档案号（1-1-20）。

四、经济改革与政治革命的错位与纠错

陕甘宁边区土地公债的效果到底如何？1947年2月8日中共中央在《关于陕甘宁边区若干地方试办土地公债经验的通报》中明确指出："最近在陕甘宁边区若干地方试办土地公债，结果证明这是彻底解决土地问题——最后取消封建土地关系与更多满足无地、少地农民土地要求的最好的办法之一。"①杨奎松和任晓伟在分析土地公债时都引用了刘少奇的这段话肯定了该政策。1947年12月29日《解放日报》以《绥德新店区一乡完成征购地主土地——贫雇中农热烈拥护，富农地主也一致欢迎，恬静的山谷里响彻武装保卫土地的口号》为标题报道贺家石村所在的绥德县新店区一乡的土地征购工作。文章称："此次试办，历时半月结束，获得地主与农民各阶层热烈欢迎。"②中共官方报道对赎买政策赞叹有加，描绘了一幅农村各阶层皆大欢喜、其乐融融的美好画面。

然而，中共中央对公债赎买土地的政策也有担心，在表示这是解决农民土地问题的最好办法之一的同时，认为："用公债征购土地分给农民的办法，很可在各解放区采用，只要与诉苦与清算配合起来，不把它看作一种单纯的买卖关系，是只有好处而无害处的。"③换句话说，如果征购政策没有与诉苦清算配合起来，很可能就会被看作一种单纯的买卖关系，这正是当时部分农民视中共基层土改干部为"土地贩子"的原因，一定程度上影响了中共土地公债政策在农民心中的地位。

一般认为，陕甘宁边区实行的和平赎买土地的做法，是因为国民党军队1947年3月初大举进攻边区，并于19日占领了延安而被迫中断的。杨奎松通过分析毛泽东等人关于赎买土地政策的论述推断"即使和平赎买土地的办法能够在某种程度上得以继续，也注定了是要以与地主决裂的方式来进行，而不可能是'温

---

① 《解放战争时期土地改革文件选辑》，中共中央党校出版社，1981年版，第45页。
② 《绥德新店区一乡完成征购地主土地——贫雇中农热烈拥护，富农地主也一致欢迎，恬静的山谷里响彻武装保卫土地的口号》，《解放日报》1947年12月29日。
③ 《解放战争时期土地改革文件选辑》，中共中央党校出版社，1981年版，第46页。

良恭俭让'的。"①历史无法假设，事实上，即使中共不因胡宗南大举进攻并占领延安而放弃"土地公债"政策，试图调和地主利益与无地少地农民土地诉求的赎买政策在战争随时可能爆发、中共尚未建立稳定政权的时候也无法真正贯彻。陕甘宁边区实行的赎买土地的政策在设计时兼有政治革命与经济改革的双重任务。但在执行中，各地土改干部更多强调了作为经济改革平分土地的意义，采用经济改革的方式征购地主土地由农民承购，没有关照土改本来还应有的实现农民动员的政治革命的任务。因此，旨在完成政治革命和经济改革双重使命的"土地公债"政策势必要发生转向，土改方式和目的之间的错位必须及时纠正，才能朝着中共预设的方向前进。因此，广泛动员农民斗争地主，既消灭封建剥削阶级实现政治革命，又实现土地平分的经济改革是中共土改必须明确的前进方向。

在照顾地主利益和满足农民土地诉求这二者之间，必须明确选择一方的时候，中共必须做出明确的回答，而不是含糊其辞，态度暧昧。对此，中共中央华中分局书记邓子恢给出了明确的回答："如果又要照顾贫雇农，使他们得到足够土地，同时又要照顾地主富农，使他们多留地，这是办不到的事情。因为土地只有这样多，厚此则薄彼，厚彼则薄此，只是两者不可得兼的东西。"②

于是，在解放战争已经全面爆发的条件下，为了广泛动员农民参军、参战、支前，发动群众斗争地主，不仅要实现农民经济上的翻身，更重要的是要打垮地主政治上的威权，逐渐实现乡村政权的重建，陕甘宁边区政府开始突破调和地主与农民矛盾的做法，鼓励农民对地主发动斗争，让群众自己认识土地改革的意义，实行消灭封建剥削、解决土地问题的任务，也达到中共群众动员的目的。因此，1947年1月，西北局发布一个解决土地问题的补充指示，认为此次土改中发动起来的农民还只是一部分，要彻底解决土地问题，就必须发动百分

---

① 杨奎松：《关于战后中共和平土改的尝试与可能问题》，《南京大学学报》2007年第5期。
② 邓子恢：《土地改革的基本任务与要求》（1947年6月25日），江苏省财政厅编《华中解放区财政经济史料选编》第3卷，南京大学出版社，1987年版，第16页。

之九十的农民参加这一运动。"征购只能在群众斗争深入的基础上去实行。……看来是自上而下的法律办法，实质却是由下而上的群众斗争。如无群众斗争，压倒地主，则地主不会交出土地。土地改革的第一个问题是使群众发动起来，地主屈服下去！"①同时，西北局对于征购中地主的投机行为予以斥责，对地主的态度也不再是和风细雨般的照顾的方式。

绥德地委为了贯彻西北局的补充指示，于1947年2月13日也发布了关于发动群众彻底解决土地问题的补充指示，将西北局要求发动群众斗争地主的指示具体化，提出"发动百分之九十以上的农民（应特别注意动员妇女群众参加）和地主进行坚决斗争，是消灭地主阶级，教育农民和提高其阶级觉悟的唯一办法。斗争的方法，应该是通过群众诉苦、清算、要旧约旧账、立新约、丈量土地等方式，以压服地主气焰。组织形式最好是通过乡民大会，让农民直接向地主斗争。"②只有发动群众，真正解决农民的土地问题，才能很好"完成今春扩兵任务"。日益严峻的战争形势，迫使中共对土地改革方针做出了适时调整。在西北局义合会议上，土地和平赎买政策被认为犯了右倾机会主义错误、走了地主富农路线而被彻底放弃，这成为中共必然的选择。

五、结论

西北局义合会议曾对陕甘宁边区土地公债政策有一种否定的态度：1947年1月中共西北局会议上认为陕甘宁边区征购政策犯了右倾机会主义错误，走了地主富农路线，干部坐到了地主的怀里。到底应该如何评价1946年冬到1947年春陕甘宁边区的土地公债政策？笔者不揣浅陋，在前人研究成果的基础上，提出以下观点：

---

① 《西北局关于发动群众彻底解决土地问题的补充指示》，佳县档案馆馆藏档案，档案号（1-1-21）。

② 《绥德地委关于春耕前深入发动群众彻底解决土地问题的补充指示》，佳县档案馆馆藏档案，档案号（1-1-21）。

1. 通过发行土地公债征购地主长余土地由无地少地贫雇农承购的"土地公债"政策，初步解决了陕甘宁边区农民缺地少地问题。大部分农民增加了土地数量，生产积极性提高，阶级觉悟提高，对中共的土改政策持赞成、支持态度，增强了中共政权的合法性

毫无疑问，通过发行土地公债的方式征购地主长余土地由缺地少地贫雇农承购，用和平赎买的方式实现初步解决农民土地问题，实现部分农民耕者有其田的理想，既满足了农民的土地要求，也保持了与地主的统一战线关系，应该是代价最小、成效颇为明显的一种温和的土地关系变革方式。事实上，试行了"土地公债"的地区，确实初步实现了中共的政策预期。西北局义合会议后，陕甘宁边区一些地方的土地改革出现"左"的倾向，因而不能因为义合会议对土地公债政策的否定，而否定当初实行"土地公债"政策的初衷。

2. 地主和贫雇农在征购、承购中的态度是基于自身利益最大化和损失最小化的理性考量

大部分地主因丧失了土地而不满，但不敢采取公然对抗的措施，故而以瞒报、少报土地数量，献出质量较差土地，借口地契丢失而不交出，希望将损失减少到最小。没有承购到好地的贫雇农以及以前租地较多的贫雇农因退出部分土地而对承购政策表示不满，这种不满是人在利益面前希望利益最大化愿望落空后失望情绪的正常表现。个别有政治企图的地主和贫雇农还盼望着国民党返回，等待"变天"。

3. 土地公债政策固有的缺陷是导致被放弃的主要原因

既要实现无地少地农民关于土地的经济目的，动员农民支持中共革命，就必须支持农民开展对地主的斗争。但土地公债政策又要达到保持与中小地主的统战关系，照顾地主经济利益的目的。这两重目的本来就是互相矛盾的，支持其中之一势必损害另一方的利益，兼顾对立双方利益的理想在现实中难免行不通。不管是征购条例的文本规定还是各地土改实践，地主都保留了较多较好的土地。一贯以追求均贫富为价值目标的中国农民认为，中共的土改政策并未实现土地（尤其是土地质量）平均的愿望。因而，不少承购到土地的农民仍然对中共赎买政策不满，认为自己翻身不彻底。而失去部分土地的地主本来就对中共征购土地的政策表示不满，只不过不敢激烈表达而已。这就导致中共希望通过和平赎买土地让贫雇农和地主都满意的愿望部分落空，在战争局势严峻后，中共不得不在农民和地主之间做出明确的选择。最终，通过赎买的和平土改被中共放弃，其原因与战争局势有关，但与政策制定矛盾的初衷不无关系。

4. 重视从经济上解放农民，而忽视从政治上斗倒地主并实现农民动员，是土地公债政策被更加激烈的群众运动式土改所取代的原因之一

不少土改干部认为，此次土地公债工作就是要解决农民缺地少地的问题，因而主观上认为，只要给农民分了土地，就算完成了土地改革的任务，未能正确理解中共以土地改革实现群众动员的政治用意。土改工作组干部和基层干部很多并未认识到征购地主土地的政治意义，相反认为征购了地主土地是地主吃了亏，有些农民不敢承购土地，有些承购到土地的农民对地主产生谢恩思想，备了酒席请地主们来大吃一顿。群众承购到土地后，对中共的阶级政策和革命理论也并不了解，把共产党干部的征购、承购行为与土地交易相提并论。并没有让群众认识到土地改革不仅是要农民得到土地，而且更重要的是使农民充分觉悟，使农民能够认识到由于共产党的领导，农民们团结起来，坚决向地主作斗争，土地回家是农民应得之正义之举。用经济改革的方式来实现土地平均的经济目的和动员农民支持中共革命的双重目的，这就是中共土地公债政策在方式和目的二者之间的错位，也是该政策必然被取代的原因之一。因而，即使不因胡宗南攻占延安，这种只注重经济诉求而忽视农民政治翻身的土地公债政策也难以保证继续采取和平的方式，被更加激烈的群众运动所取代乃必然结果。

（原载《学术界》2017 年第 12 期）

1946—1947年陕甘宁边区和平土改研究

中共和平土改的研究以杨奎松的成果最具代表性，他认为中共和平赎买土地的做法并非只是为了掩盖其暴力土改政策而进行的对外宣传手段，而是"五四指示"后土地改革政策演变过程中的一个有机组成部分。①黄正林、任晓伟、刘景岚②等具体分析了陕甘宁边区的和平土改政策，探讨了陕甘宁边区政府和平土改政策提出的背景以及该政策被放弃的原因。以上几位学者关于中共和平土改的研究，为重新认识中共和平土改政策做出了卓有成效的探索。但由于缺乏资料，尤其是地方档案的缺乏，他们更多关注了中共中央、西北局及陕甘宁边区政府制定及中止和平土改政策的原因，忽略了对和平土改内容本身的研究，对征购与承购中一些具体问题，尤其是和平土改的效果缺乏实证性分析，从而影响了对和平土改政策后来被放弃原因的进一步了解。有鉴于此，本文通过对陕甘宁边区绥德分区佳县档案的研究，结合《解放日报》关于绥德分区其他县域和平土改的报道，拟探讨中共和平土改政策在陕甘宁边区实行的效果困境及其

---

① 杨奎松：《关于战后中共和平土改的尝试与可能问题》，《南京大学学报》2007年第5期。
② 黄正林：《论抗战时期陕甘宁边区的农业政策》，《西北师范大学学报》1999年第5期；任晓伟：《1946—1947年中国共产党对和平土改政策的尝试及其放弃》，《陕西师范大学学报》2010年第4期；刘景岚：《中共"和平土改"的有益尝试——以陕甘宁边区为中心的考察》，《社会科学战线》2013年第7期。

解决办法。

一、调和：陕甘宁边区土地公债政策的文本分析

1946年6月27日，毛泽东表示中共中央正准备发行土地公债以有偿方式征购地主土地以解决贫雇农的土地问题。中共绥德地委在1946年9月1日关于土地问题的指示中也指出："七月初传出拟以土地公债解决土地问题的消息"。①解放战争全面爆发之初，从实力对比来看，中共军事力量显然不被各方看好，因此继续保持同中间势力的统战关系，是中共中央和各级党政机关必须考虑的现实问题。因此，由政府发行土地公债，用和平赎买的形式解决农民土地问题，实现孙中山"耕者有其田"的理想，既可以满足贫雇农对土地的要求，又不至于破坏与中小地主的统战关系，是双方都会接受的政策。因此，在西北局和绥德地委看来，"至于彻底解决土地问题，仍宜以发行土地公债为基本办法。"② 1946年9月底，陕甘宁边区政府委员会同意了李鼎铭副主席提出的土地公债的建议，12月边区政府公布了《陕甘宁边区征购地主土地条例草案》（以下简称《征购条例》）和《陕甘宁边区政府土地公债实行办法草案》，作为此次土地改革的指导性文件。1947年1月24日，中共中央西北局公布《关于发动群众彻底解决土地问题的补充指示》，对《征购条例》进行补充修正。2月8日，边区政府正式修订了《征购条例》。至此，指导陕甘宁边区1946年冬至1947年春土地改革的官方文件全部齐备。纵观这几个文本，笔者认为，此次中共以土地公债形式解决陕甘宁边区土地问题，具有以下几个特点：

1. 征购是边区农民自发归地推动政府制定的政策

陕甘宁边区土地关系大致可以分为三种：实行了土地革命的地区，土地问

---

① 《绥德地委关于土地问题的指示》，佳县档案馆馆藏档案，档案号（1-1-21）。
② 《绥德地委关于土地问题的指示》，佳县档案馆馆藏档案，档案号（1-1-21）。

题大体已经解决；实行了土地革命，但部分土地又被地主收回的地区，土地问题较大；未经土地革命但实行了减租减息的地区，地主土地部分转移到了农民手里，但土地问题依然较大。此次以发行土地公债的方式解决土地问题，主要是"在未经土地改革之区域，发行土地公债，征购地主超过应留数量之土地分配给无地或地少之农民，以达到耕者有其田之目的"。①上述后两类地区都属于此次土地征购承购区域，主要包括绥德分区、三边分区和陇东分区。

全面抗战期间，各解放区人民曾三次要求彻底解决土地问题②，也引起了中共中央的关注。在全民族抗战期间，中国共产党与国民党合作共同抗日，在土地政策上实行地主减租减息、农民交租交息的政策，未对土地所有权进行变革。此时，对于农民土地还家的要求，边区政府还可以民族大义对农民晓之以情、动之以理，处于民族存亡之秋的大部分农民也会接受。但在抗日战争胜利后，若继续保护地主土地所有权，而不支持农民对土地的要求，有可能会犯第一次国内革命战争时期的错误。佳县车会区部分乡在20世纪30年代曾开展过土地革命，但因国共合作建立抗日民族统一战线后，"国民党要求合并苏区，因之，地主把土地收回……国民党又用平均收田赋法，并争得由地主向农民收田赋……这时农民不满我党"③。因而，佳县"车会农民今年（1946年，引者注）斗争尖锐"，农民纷纷采取行动自发归地。④佳县农民开展了要求土地还家的自发归地运动，有些地方的归地行动甚至有基层党组织领导的背景——"清涧在乡村干部领导下，亦进行归地。（绥德、米脂）在向党员干部及开明士绅个别活动后，开始献地行动。"⑤绥德、米脂、佳县等绥德分区农民或自发，或在基层党组织的领导下突破了减租减息、反奸清算的土地政策，开始采取直接行动接收地主土地，实行土地还家。面对群众这种突破政策的行动，绥德分区所属各县之

---

① 《陕甘宁边区征购地主土地条例草案》，佳县档案馆馆藏档案，档案号（1-1-21）。
② 《答关于解放区农民三次要求土地改革的经过》，《解放日报》1946年11月7日。
③ 《佳县土地公债问题讨论记录》（1946年12月22日，佳县档案馆馆藏档案，档案号（1-1-28）。
④ 《佳县土地公债问题讨论》（1946年12月11日，佳县档案馆馆藏档案，档案号（1-1-28）。
⑤ 《绥德地委关于土地问题的指示》，佳县档案馆馆藏档案，档案号（1-1-21）。

"区乡干部掌握不住了。"①对于群众采取的直接从地主手里接收土地或要求地主献地的突破政策的行动,中国共产党应该采取什么样的态度,必须及时表明。鉴于1927年大革命失败所留下的心理阴影,"中共领导人这时不能不把是否支持根据地农民获得土地的要求,视为可能再度影响革命成败的关键性因素了。"②由于农民已经开始采取直接行动,边区政府必须对农民的直接行动予以肯定,通过发行土地公债征购地主超过本地中农标准的土地,分配给无地少地的贫苦农民,以此赢得农民对中共革命的支持,是陕甘宁边区实行土地公债的现实考量。

2. 维护统战关系是征购土地政策照顾地主的主要原因

"五四指示"明确提出对抗属、军烈工属及开明绅士等要多留一些土地,照顾他们的权益,因此被人形象地概括为"一条批准九条照顾的土地政策"。③土地征购条例、土地公债试行办法在"征购范围"中多次提及要求给地主多留地、酌情照顾。地主自耕的土地不得征购是理所应当的,因为这部分土地不属于封建剥削。开明地主家庭、老弱病残地主家庭也理应照顾。但对于地主出租用于封建剥削的土地也要多留,就与土地改革彻底消灭封建剥削的目的相抵触。可是,土地公债试行办法明确规定:"凡地主出租之土地,应留给其家中每人平均地数,比当地中农每人平均地数多百分之五十至一倍。"不仅要给地主多留地,而且要"注意留给部分较近或质量较好之土地"④。土改实际操作中的多留地、留好地与彻底消灭封建剥削的目的有所背离,却同时出现在中共土改政策的文本之中。之所以这样,并非政策制定者考虑不周,而是现实形势使然。全民族抗战的硝烟刚刚散去,国民党发动战争的阴云已经布满解放区的天空,而且在东北、中原解放区已经开始了局部战争。此时,从团结一切可能团结力量的统

---

① 《佳县土地公债问题讨论记录》1946年12月22日,佳县档案馆馆藏档案,档案号(1-1-28)。
② 杨奎松:《关于战后中共和平土改的尝试与可能问题》,《南京大学学报》2007年第5期。
③ 杨奎松:《关于战后中共和平土改的尝试与可能问题》,《南京大学学报》2007年第5期。
④ 《陕甘宁边区土地公债试行办法草案》,米脂县档案馆馆藏档案,档案号(0046-1-6)。

战政策出发,与中小地主等中间势力在抗战期间建立起来的统战关系不能破裂。而且,抗战时期陕甘宁边区政府民主执政之风深受中间势力的认同,倘若此时采取没收地主土地的办法来解决农民土地问题,必然导致统战关系的破裂,促使他们投向蒋介石政权。于是,中共不仅对征购地主土地采取以支付土地公债这一有偿征购的方式,而且在数量上、质量上多方照顾,以维持与中间势力的统战关系。

不仅政策文本要求照顾地主,各地在实际征购中也确实执行了这一照顾政策。如佳县城关区城关市试办土地公债总结中提到,给地主"留地原则,在一月二日讨论会上,决定给地主留一些好的地"。在该地执行土地公债干部的认识中,"我们虽然是征购地主土地,但地主之生活,我们也是照顾的。"①这种矛盾的心态在时任佳县县委书记张俊贤对征购条例的解释中更为清晰地展现出来。1946年12月25日,佳县县委召开土地公债讨论会,张俊贤逐条解释征购条例,他指出,要"深入宣传教育,使农民、地主了解土地公债的真意,是消灭封建和照顾地主生活。……同时,土地公债后,不可把地主、农民分开不管,应互相团结。如宣传不好,地主逃跑"②。既要消灭封建剥削,又要照顾地主生活,张俊贤道出了中共土地公债的看似矛盾而真实的目的。如果不给地主多留地、留好地的话,地主有可能会逃跑到国统区,成为土地改革潜在的敌人。

3. 调和贫雇农内部的矛盾

《征购条例草案》第十一条原来规定"土地之承购,应以现耕为基础,进行合理之调剂"③。该条文之目的在于"使耕者有其田并照顾现耕,使生产不受影响"④。为了实现耕者有其田的目的,似乎就应该把租种、伙种地主的土地分配给租种的农民。倘若教条地执行这一原则,势必会出现一部分佃农承购到土

---

① 《佳县城关区城关市试办土地公债总结报告》,佳县档案馆馆藏档案,档案号(1-1-20)。
② 《佳县土地公债问题讨论记录》(1946年12月22日),佳县档案馆馆藏档案,档案号(1-1-28)。
③ 《陕甘宁边区征购地主土地条例草案》,佳县档案馆馆藏档案,档案号(1-1-21)。
④ 《边区政府对征购土地条例草案的补充说明》,米脂县档案馆馆藏档案,档案号(0046-1-6)。

地，甚至他们承购到的土地数量超出了当地中农的土地数量，而以揽工为生的雇农，以及依靠少量自地艰难维持生活的贫雇农则无法承购到土地。如陇东分区庆阳新堡区三乡严格遵守"以现耕为基础"的条文，将"征购地主之四百五十九亩地，全部分配给九户佃户承购，仅给二户赤贫抗属调剂了很少土地。"使全乡原先没有土地的20%的农民中只有"百分之九的农民获得了相当多的土地，但另有百分之十一的人仍没有获得土地"①。由于受"以现耕为基础"的条文束缚，该乡土地改革很不彻底，虽然减少了地主的土地，但并没有让绝大多数贫雇农都获得土地，引起了农民之间、尤其是贫雇农与佃农之间的矛盾。绥德县贺家石村为使土地承购尽可能普遍，除照顾原耕佃户的利益外，尽可能让村里其他无地少地的农民也能够承购土地，突破了"以现耕为基础"的条文束缚，"遂使该村七十二户无地或土地过少的农民，都得到了相当的土地，比较彻底地完成了土地改革"，②实现了耕者有其田的目的。贺家石村大胆的尝试，解决了征购条例的缺陷，1947年2月13日陕甘宁边区政府对该条文进行了修订，变"以现耕为基础，进行合理之调剂"为"征购土地之分配，应按人口分配给无地及地少之贫困人民，使每人所有土地数量与质量，达到大体的平均。"③原来的文本表述在执行中产生了农民之间土地承购数量的不平衡，引起贫雇农与佃农之间的矛盾，不符合此次土改依靠贫、雇、佃农的阶级路线。文本的修订，不仅更符合绝大多数贫苦农民的利益，调和了同属于贫苦农民的贫雇农与佃农之间的利益分配上的矛盾，也加强了这一阶层之间的团结，便于共同向地主阶级斗争，在土改的基础上实现农民的广泛动员，以粉碎国民党顽固派对解放区的进攻。

---

① 《两个村子分配承购土地办法比较》，米脂县档案馆馆藏档案，档案号（0046-1-6）。
② 《两个村子分配承购土地办法比较》，米脂县档案馆馆藏档案，档案号（0046-1-6）。
③ 《陕甘宁边区征购地主土地条例草案》，佳县档案馆馆藏档案，档案号（1-1-21）。

二、"和谐"：陕甘宁边区和平土改的官方表达

解决陕甘宁边区老区、半老区土地问题的和平土改政策制定后，陕甘宁边区政府需要寻找试点，积累经验后在边区全面推广。绥德县新店区一乡贺家石村作为边区政府在绥德分区的一个试点村庄，土地征购工作从 11 月 25 日开始，《解放日报》头版专门刊登文章，宣布在全文公布征购条例的当日贺家石村土地公债胜利完成。此后三个月间，《解放日报》在 1947 年 3 月停刊前发表数十篇文章介绍绥德分区、绥德县、米脂县、子洲县、佳县土地公债实施情况，介绍取得的成绩，宣传经验，指导其他地区土地改革工作。

贺家石村作为试点，从 11 月 25 日开始试办土地公债，经过 9 天时间便宣布征购与承购工作胜利完成。"全村六十一户无地或地少的农民，用十九石八斗米，买得了四百二十四垧半地（内有典地一百四十一垧半）；卅户无窑住的人，用十八石四斗米，买得二十孔窑和两块窑的崖面。"① 仅仅用了 9 天时间，该村 61 户无地少地的农民便取得了 420.5 垧土地，平均每户承购了 6.9 垧。无地少地的贫雇农有了土地，无窑居住的 30 户人家还买了 22 孔现成的窑洞。

利用发行土地公债征购地主土地的和平方式，贺家石无地少地的农民取得了梦寐已久的土地，摆脱了受剥削的命运，因而他们十分感谢政府的和平土改政策。

如果仅仅是贫苦农民因为获得土地而满意，还不能说明土地公债是解决农村土地问题的好办法，该文还介绍了地主对于土地公债的态度。在这次土地征购中，该村地主党仲昆把 152 垧地无偿献给了穷人，从《解放日报》报道上看，他并不因为损失了这大量的土地而难过，相反，因为以后不再剥削穷人而高兴。他在大会上说："人家说'家当'是赚的，起先当然是赚的，可是后来就是靠钱

---

① 《绥德新店区贺家石村试行土地公债胜利完成，六十余户贫苦农民购回土地四百廿余垧》，《解放日报》1946 年 12 月 20 日。

剥削人家的。这次实行土地公债，我很高兴。现在人家还借住些我的窑，我愿把这些窑献给没窑住的人。"①如此报道，生动刻画了一个群众及政府心目中好地主的形象。因此，从1946年12月20日对贺家石土地公债报道的文章来看，不管是被征购或者主动献地的地主，还是承购到土地的贫雇农，都对中共的土地公债政策感觉满意，认为通过土地公债这种和平方式是解决陕甘宁边区未解决土地问题地区的最好办法，不但让无地少地的贫雇农承购到了土地，而且继续维持了同中小地主的统一战线关系，做到了皆大欢喜。甚至在12月29日《解放日报》以《绥德新店区一乡完成征购地主土地——贫雇中农热烈拥护，富农地主也一致欢迎，恬静的山谷里响彻武装保卫土地的口号》为标题报道贺家石村所在的绥德县新店区一乡的土地征购工作。文章称："此次试办，历时半月结束，获得地主与农民各阶层热烈欢迎。"②贫苦农民欢迎理所应当，因为他们获得了赖以为生的属于自己的土地。地主满意是因为所留土地数量至少比当地中农每人平均地数多半倍至一倍，最高为一倍至两倍。地主的土地不仅数量多，"且为离村较近，土质较优之土地"，"富农因土地受到政府保护，所以情绪很高。""中农亦已因典入地转为自地而欢喜。"③一副各阶层皆大欢喜、其乐融融的美好画面，是中共对采用土地公债的和平形式进行土地改革解决农村土地问题的一种理想化的设计，似乎已经呼之欲出，成为各地普遍效仿的范例，真正实现了孙中山先生倡导的"耕者有其田"的理想状态。

绥德沙滩坪区一乡郝家桥村是陕甘宁边区特等劳动英雄刘玉厚的家乡，1947年初，村民们通过集会的方式，庆祝通过土地公债使700多垧土地回到了他们自己的手上。不仅获得土地的贫雇农欢欣鼓舞，准备来年春耕大显身手，就是

---

① 《绥德新店区贺家石村试行土地公债胜利完成，六十余户贫苦农民购回土地四百廿余垧》，《解放日报》1946年12月20日。

② 《绥德新店区一乡完成征购地主土地——贫雇中农热烈拥护，富农地主也一致欢迎，恬静的山谷里响彻武装保卫土地的口号》，《解放日报》1946年12月29日。

③ 《绥德新店区一乡完成征购地主土地——贫雇中农热烈拥护，富农地主也一致欢迎，恬静的山谷里响彻武装保卫土地的口号》，《解放日报》1946年12月29日。

原来属于剥削阶级的地主对自己耕种的信心也开始建立。"连村上仅有的两家地主刘永昌和刘永明生产情绪也提高了。"①这两户地主已经放弃了不劳而获的剥削生活,虽然因没有耕作经验而产量不高,但他们已经整理好了农具,给自己订了生产计划,保证不荒芜土地。通过征购工作,把从前依靠剥削为生的地主改造成为自食其力的劳动者,把二流子懒汉转化成为务正业的好劳力,这也是中共希望通过土改,在解决土地问题后改造社会的应有目的。而通过土地公债的形式用和平方法,不仅解决了土地问题,也实现了对人的改造,这也是和平土改工作的官方表达内容之一。

除了绥德县外,绥德分区其他各县的和平土改是否也顺利完成呢?《解放日报》对米脂、佳县、子洲等县农民通过土地征购与承购工作获得了土地的典型事例进行了热情的宣传报道,如米脂县桃镇区八乡艾绳命承购2垧地后,说:"我揽了十几年工,没买下一堆地,要没有共产党,永远也翻不了身,今后我要参加农会,保护土地。"②除了报道贫困农民获得土地后激动的心情外,还介绍了此次和平土改中农会组织健全、农民之间乐于互帮互助的事例。"米脂桃镇区六乡姬家岔农会自实行土地公债后,自己解决民事纠纷,积极协助行政工作。"农民获得了土地,生活即将好转,阶级觉悟、政治觉悟也逐渐提高。佳县神泉区一乡农会组长曹生瑞,知道村里有四家穷苦的农民,虽承购了土地,可是缺少农具、籽种和牲畜,他愿意帮助他们解决春耕的困难,把自己的牛给他们耕地,待秋后给工钱。老婆要卖他多余的二斗春麦籽,曹生瑞说:"我过去揽工,知道穷苦人的困难,还是借给别人用好。"③阶级觉悟提高,农民之间互相帮助,农会组织逐渐健全,协助村行政解决邻里纠纷问题,这是中共通过官方报纸想要表达的另一项重要内容——土地公债实行后,乡村更加和谐。

---

① 《期待着春天的来临——郝家桥农民承购土地迎接生产》,《解放日报》1947年2月4日。
② 《土地改革教育了群众,绥米等地农会扩大巩固》,《解放日报》1947年2月19日。
③ 《土地改革教育了群众,绥米等地农会扩大巩固》,《解放日报》1947年2月19日。

三、残余依旧：从绥德分区土改实践看和平土改的效果

从《解放日报》宣传报道来看，绥德县贺家石、郝家桥，米脂杨家沟等村庄进行的土地征购与承购工作取得了显著的成绩，地主、富农、中农、贫雇农都感到满意。事实是否真的如官方所宣传的那样"和谐"呢？笔者通过对绥德、米脂、佳县关于这一时期土地改革档案的梳理，认为边区各地土改的实践与中共官方表达并不完全一致，并不是宣传中表达的各阶层普遍满意的"和谐"乡村。本文仍以《解放日报》多次宣传的试点村绥德县贺家石为例来说明这个问题。

根据绥德县新店区贺家石试行土地公债档案记载，该村作为试点，试办进展顺利，"没有发生什么大的困难，也没有走什么冤枉路"。①但并非报纸宣传所说的那样取得了伟大的胜利，各阶层都比较满意。虽然该村地主党仲昆在工作团召开的地主会上说"解决土地问题，不但对穷人好，对地主也好"，但大部分地主并未响应，大都"保持沉默，不表示态度，但从他们当时的情绪及事后的反映看来，都不痛快"，认为自己已经主动献地，政府再要征购"似乎有些过分"。该村农会代表也认为，"地主口头上是说开明，心里头实在不痛快"②。地主愿意主动献地，并不是对中共土改政策的完全赞同和支持，从某种程度上来说，是他们想要逃避负担的应对举措。因为献地是地主主动的行为，不但能够显示自己"开明"的政治态度，更因为在献地时可以"乘机取巧，献坏地，献远地，献垧小的地"③。而在留地时，地主可以尽可能多给自己留好地、近地。虽然土地绝对数量减少了，但因为献出的是产量不高、不便于耕种的土地，这些土地按照地主的话来说"一年下来，地上营的利，不够负担"。④与其每年所

---

① 《绥德县新店区贺家石试行土地公债情况》，佳县档案馆馆藏档案，档案号（1-1-20）。
② 《绥德县新店区贺家石试行土地公债情况》，佳县档案馆馆藏档案，档案号（1-1-20）。
③ 《佳甘区土地改革总结报告》，佳县档案馆馆藏档案，档案号（1-1-20）。
④ 《绥德县新店区贺家石试行土地公债情况》，佳县档案馆馆藏档案，档案号（1-1-20）。

收之租子还不够给政府交纳的赋税，还不如主动献出后，可以在留地时给自己尽可能留下产量高、方便耕种的好地、近地。因此，当贺家石农会提出"献地的地主可以自己挑选留哪些地，征购的地主留哪些地需要农会评议"时，该村地主党志倬听了，便再三提醒其兄（志仁、志义）献地，说："献地的留地由自己挑，征购的要由人家农会决定哩！"①其意为借献地之名，以尽量留下好地和近地。党仲昆因为担任绥德县政府三科干部，受中共政策影响比一般地主要深，其献地举动不排除真心愿意帮助贫苦农民翻身的良好动机，但大部分地主献地并非基于对中共土改政策的认同和支持，而是想要继续保留较好土地的对策。

按照《解放日报》报道，贺家石村61户农民承购了地主土地420.5垧，每户平均获得土地6.9垧。而档案资料②的数据与报道数据有所区别，佳县档案显示贺家石承购土地的农户是72户，共承购了地主土地424.5垧，而米脂县档案显示承购农户依然是72户，承购了土地424垧。两份不同的档案所记载的数据几乎完全一致，较为可信。以此推算，每户共承购土地5.8垧。加上这72户农民自有耕地241垧，共有土地665.5垧，每人平均2.18垧。基本上达到了该村"中等中农每人平均土地二垧半"的标准③，绝大部分无地少地的贫苦农民都承购到了土地，因此受到他们的欢迎。但也并非承购土地的全体贫雇农都满意，一些过去承租地主土地较多的农户，这次承购了一部分地主土地，但"又抽出一部分租地，由人买，因此自地增加了，耕地却减少了"④。这些人对此次承购并不完全满意。对于土地征购与承购，贺家石村各阶层的反映，用"地主沉默不语、干部积极有信心，农民非常高兴"来概括，应该是比较恰当的。

另外一个问题就是，是否如土地公债政策制定者所预想的那样，和平土改

---

① 《绥德县新店区贺家石试行土地公债情况》，佳县档案馆馆藏档案，档案号（1-1-20）。
② 《绥德县新店区贺家石试行土地公债情况》，佳县档案馆馆藏档案，档案号（1-1-20）；《绥德贺家石村征购地主土地的工作介绍》，米脂县档案馆馆藏档案，档案号（0046-1-6）。
③ 《绥德贺家石村征购地主土地的工作介绍》，米脂县档案馆馆藏档案，档案号（0046-1-6）。
④ 《绥德县新店区贺家石试行土地公债情况》，佳县档案馆馆藏档案，档案号（1-1-20）。

能够彻底消灭封建剥削呢？

　　从陕甘宁边区政府《关于征购地主土地条例和土地公债试行办法》可以看出，中共此次想通过和平方式从地主手里获取土地，分配给无地少地的农民，既要解决农民无地、少地问题，又要照顾地主利益，维护与中小地主的统战关系。因此，在承购地主土地时，给地主多留地、留好地成为政策制定部门和基层执行者的共识，能否按照政策制定者设计的方案彻底解决土地问题，应当是可以预想到的结果。如时任绥德地委书记张邦英在给佳县县委书记高峰的信中提到：佳县经过1946年冬、1947年春的土地征购后，"大部分农民（贫农）只在去春（1947年春，引者注）土地改革中，分配到地主没有卖的多余土地。虽然地是增加了，但比起中农、富裕中农及新富农之地说来约差一半，这是一个很大的问题。"①贫农征购后拥有的土地数量与富农、中农的土地数量相差较大，在贫农之间也有较大的差距。"我在佳、米、绥了解了一些材料，而有相当一部分地方，贫农间土地占有有相差一倍或一倍以上的。"②从拥有土地的数量上来看，此次土改中，地主长余的土地被征购，绝对数量下降，但由于政府政策要求照顾地主，各地土改也均照此执行，给地主留地尽可能留好地、近地。地主献出的多是负担较重而产量较低的土地，甚至是负担比租子还高的坏地，因而地主生活并没有因为征购而剧烈下降，封建剥削残余依然存在。如佳县北五区土改指挥所在总结土地公债工作的会议记录里写道：1947年春土改后，"一般因为没有彻底去搞，所以地富虽然在数量上减少，但质量上，一般地富还是占优势，其封建剥削的残余仍然存在"③。以佳县北五区之一的古木区为例，该区"二乡经去年（1947年，引者注）的土改，好地都集中在地富手里，坏地转到穷人手里。"例如，"白凤池系地主，过去系支委员，吃得很开。所以，过去他留的地很好。

---

① 《转发张邦英同志关于土地问题给高峰同志的信》，佳县档案馆馆藏档案，档案号（1-1-75）。
② 《转发张邦英同志关于土地问题给高峰同志的第二封信》，佳县档案馆馆藏档案，档案号（1-1-75）。
③ 《北五区指挥所总结会议记录》，佳县档案馆馆藏档案，档案号（1-1-72）。

过去村中人都怕他，现在有事还和他商量。"，因此"古木二乡地富一般未斗彻（未被彻底斗争）。"①

佳县古木区一乡征购后各阶层土地占有情况

成分	项目					
	户数	人数	土地数量			
			上地	中地	下地	平均
地主	13户	65人	56.2垧	156.1垧	209.2垧	6.3垧弱
富农	3户	60人	55.1垧	170.3垧	242.2垧	7.3垧
富裕中农	23户	121人	70.3垧	234.3垧	231垧	6垧强
中农	59户	252人	138垧	453.1垧	863.1垧	5.3垧强
贫雇农	213户	615人	79.2垧	844.1垧	1975.2垧	3.3垧强

资料来源：《各乡土地会议记录》，佳县档案馆馆藏档案，档案号（1-1-72）。

从上表可以看出，经过土地征购与承购后，各阶层拥有的土地数量仍然相差悬殊，富农因未抽地，因而人均拥有的土地数量最多。地主经过征购后，人均拥有土地数量和富裕中农平均数相差不多，比普通中农人均多一垧，但是几乎相当于贫雇农人数数量的2倍。地主土地数量比贫雇农多，土地质量比贫雇农要好。佳县古木区一乡全乡共有人口1113人，其中地主65人，占总人口的5.8%；贫雇农615人，占总人口的55%。全乡共有上地398.8垧，其中地主占有上地56.2垧，占全乡上地总数的14.1%，人均0.86垧；贫雇农占有上地79.2垧，占全乡上地总数的19.9%，人均0.13垧。全乡共有下地3520.7垧，其中地主占有209.2垧，占全乡下地总数的5.9%，人均3.2垧；贫雇农占有下地1975.2垧，占全乡下地总数的56.1%，人均3.2垧。从这组对比数字来看，地主占有全乡人口的百分比和占有下地的百分比，与贫雇农占全乡人口的百分比和占有下地的百分比基本持平，看似还比较合理。但在上地占有的比率及人均上地拥有

---

① 《大稍梁指挥所会议记录》，佳县档案馆馆藏档案，档案号（1-1-72）。

量上则相差甚为悬殊。即，占有全乡人口5.8%的地主占有全乡土地总数的14.1%，而占全乡人口总数55%的贫雇农仅占有全乡土地的19.9%。不仅地主占有全乡土地的比重比贫雇农要高，而且地主人均占有土地的数量是贫雇农的6.6倍。众所周知，土地质量以及距离住地的远近与土地的产量具有密切的联系，拥有的土地数量多，意味着收获多。因而，该乡经过征购与承购，不但留给地主的土地数量将近是贫雇农征购后土地数量的两倍，而且留给地主的好地、近地占的比重要高出贫雇农很多。所以，该乡在土地问题上，和古木二乡以及其他各乡基本一致——改革并不彻底。

1947年3月10日，佳县县委初步总结去冬今春土地改革工作时，认为："地主要想再维持地主生活是不可能的了……个别地主，我们给留地太多，致使他们基本上仍能保持原来的生活方式——寄生虫生活——继续剥削农民。"[①] 1948年3月，佳县县委再次总结土改工作时指出，经过五四指示之后的查减清算和土地征购承购，佳县"地富在土地占有的数量上固然是削弱了，但由于去年土改的不彻底，因此，地富仍握有较贫雇农质量较好、数量稍多的土地。如城关四乡地主每人平均五垧半，而贫雇农不足两垧，就是悬殊最小也超过贫雇农一垧到两垧质量较好的土地，至于财物、金银、牲畜，更难比拟。""因此，大部分地主仍凭着这个封建残余，凭着出租伙或雇工劳动，过着不劳而食或少许参加劳动，主要靠剥削的优裕生活，而贫苦农民仍然在这个封建残余的影响下不能彻底翻身。"[②]到底是个别地主还是大部分地主仍依靠封建剥削而过着寄生生活，两个总结说法不一致。但从征购政策制定的目的就是兼顾地主和贫雇农利益来分析，给地主多留地、留好地、留近地既是政策的应有之义，也在实际执行过程中被普遍采用了。因而推断，仍保有封建剥削的地主身份当不是个别现象。

---

① 《佳县土地改革之初步检讨及今后意见》，佳县档案馆馆藏档案，档案号（1-1-21）。
② 《关于四个月来的土地改革总结报告》，佳县档案馆馆藏档案，档案号（1-1-78）。

四、和平土改政策的调整

以发行土地公债形式征购地主土地并承购给无地少地农民的土改政策发布之前,解放战争已经爆发,动员农民支持成为中共赢得战争胜利的必然选择,所以对于农民自发归地的行动,中共必须予以支持,这也是吸取第一次国共合作失败的惨痛教训后的理智选择。但边区长期的和平环境以及边区作为全国模范民主政府的示范,中共在战争形势严峻的情况下,也不能马上与中间势力分道扬镳,给地主多留地留好地以继续维护统战关系也是党中央理智思考的结果。那么,能不能让双方都满意,出现和风细雨式的土改效果呢?

根据陕甘宁边区制定和平土改政策以解决未实行土地革命地区农民土地问题的初衷,就是一方面要解决无地少地农民的土地问题,一方面还要照顾地主维持统战关系。因此,"有些同志在思想上认为,只要政府从地主手中征购土地,分配给农民就算完事了"①。有了这样的思想认识,在实际工作过程中,必然采取调和的态度,一方面对地主土地进行征购,一方面又要照顾地主生活。对农民没有发动起来,采取干部包办代替的方式,将征购来的土地分配给农民。因而,在农民看来,通过发行土地公债买来地主的土地再卖给农民,边区政府及其基层干部的征购、承购行为,和一般意义上的土地买卖没有本质上的区别,甚至连党的领导干部也是这么认为的,如佳县"王部长认为土改是和平买卖"。②佳县原县委书记张俊贤在1947年底的佳县三级干部会议上说:"当时我还没有认识到是阶级斗争——根本没有提高,认为土地公债就对了。"③可见,基层干部在执行中只注意了从经济上满足无地少地贫雇农的土地要求,而对土地改革的政治革命意义认识不足。

---

① 《绥德地委关于土地改革工作中的几个问题》,佳县档案馆馆藏档案,档案号(1-1-75)。
② 《佳县土地会议材料》,佳县档案馆馆藏档案,档案号(1-1-43)。
③ 《佳县三干会议记录》,佳县档案馆馆藏档案,档案号(1-1-43)。

旨在解决农民土地问题的土地改革,居然被部分农民和部分党的干部都当成了土地交易,这显然不是制定者的初衷,但却是该政策调和矛盾导致的必然结果。主要原因就是思想认识上的问题,把土地改革当成了仅仅是解决贫苦农民土地问题的经济问题,采取了用经济手段解决的办法——土地交易,而忽视了发动群众,让群众自己去解决土地问题。1947年12月3日,佳县县委书记高峰在传达西北局高干会关于土地问题的精神时,对一年来佳县土改不彻底的原因进行分析,找到的第一条原因就是"群众没有发动起来,这是根本原因"①。1947年3月,佳县县委分析土地征购工作的缺点时也指出,"没有认清楚发动群众直接参加斗争,是完成土地改革的基本环节。一般说来,我们没有去发动群众,不理解土地改革是农民自己的事,是要农民起来向封建势力作斗争,彻底打破封建剥削。"②由于没有认清楚此次土地改革的政治意义,因此干部们充当了"土地贩子"的角色,从地主手里征购土地,转手卖给农民,"把一个严肃的土地改革变成了大规模的买卖土地"③。在实际操作过程中,没有想着发动群众,而是采取包办代替的办法,由干部们决定应征购和承购的具体细节。为了执行政策中关于照顾地主的条文,不管地主生活是否贫困,简单化地给所有地主都多留地,如佳县神泉区"给地主留地,某地地主每人平均比中农多一倍,在征购前是地主,征购后还是地主,只是由大变小而已"④。由于在征购中没有发动群众,而是干部直接和地主打交道,很容易被地主的"诉苦"所蒙蔽。有些土改干部甚至徇私情、包庇地主,或者自己贪污斗争果实。

官方宣传中的各阶层都满意的典型例子,为的是提供和风细雨式的土地改革的经验,但在实际工作中,由于不发动群众,仅仅是采取恩赐的方式,认为给农民分配了土地就算完成了土改任务。其结果,往往事与愿违,农民即使获得了土地,由于政治觉悟、阶级觉悟尚未提高,对此次土地改革并不满意。

---

① 《高书记传达西北局土地会议精神》,佳县档案馆馆藏档案,档案号(1-1-43)。
② 《佳县土地改革之初步检讨及今后意见》,佳县档案馆馆藏档案,档案号(1-1-21)。
③ 《佳县土地改革之初步检讨及今后意见》,佳县档案馆馆藏档案,档案号(1-1-21)。
④ 《佳县土地改革之初步检讨及今后意见》,佳县档案馆馆藏档案,档案号(1-1-21)。

到底是继续调和农民与地主之间的矛盾，在其中选择依靠一个打击一个还是一方面想要解决农民的土地问题，一方面还想照顾地主维持统战关系呢？中共中央此时必须做出明确的回答，而不是含糊其辞。对此，中共中央华中分局书记邓子恢给出了明确的回答："如果要照顾贫雇农，使他们得到足够土地，同时又要照顾地主富农，使他们多留地，这是办不到的事情。因为土地只有这样多，厚此则薄彼，厚彼则薄此，只是两者不可得兼的东西。"①既然两者均满意实现不了，支持农民斗争地主便成为党的土地政策的必然转向。

于是，在解放战争全面爆发后，为了广泛动员农民参军、参战、支前，发动群众斗争地主，不仅实现农民经济上的翻身，更重要的是要打垮地主政治上的权威，逐渐实现乡村政权的重建，陕甘宁边区政府开始突破调和地主与农民矛盾的做法，鼓励农民对地主发动斗争，让群众自己认识到土地改革的意义，实行消灭封建剥削、解决土地问题的任务，也达到中共群众动员的目的。因此，1947年1月，西北局发布一个解决土地问题的补充指示，认为此次土改中发动起来的农民还只是一部分，要彻底解决土地问题，就必须发动百分之九十的农民参加这一运动。"征购只能在群众斗争深入的基础上去实行……这看来是自上而下的法律举措，实质却是由下而上的群众斗争。如无群众斗争，压倒地主，则地主不会交出土地。土地改革的第一个问题是使群众发动起来，地主屈服下去！"②同时，西北局对于征购中地主的投机行为予以斥责，对地主的态度也不再是和风细雨般的商量方式，不再一味照顾地主。如，不再按照征购条例留给地主超过当地中农平均标准半倍、一倍、甚至两倍的土地，而是"地主留地可以比一般中农稍多"。虽然没有具体的标准，但从字面上理解，这个"稍多"的留地标准已经大大低于原来征购条例中所提的标准了。不但标准降低了，而且还"应

---

① 邓子恢：《土地改革的基本任务与要求》（1947年6月25日），江苏省财政厅编《华中解放区财政经济史料选编》第3卷，南京大学出版社1987年版，第16页。
② 《西北局关于发动群众彻底解决土地问题的补充指示》，佳县档案馆馆藏档案，档案号（1-1-21）。

按当地土地情况和群众要求以及其本身情况而定。"①也就是说，给地主留地不是完全按照征购条例规定的标准执行，而是要照顾到当地农民的要求，如果当地人多地少，可以给地主留更少的土地。只要"使他得有活路"就行！对于地主献一部分坏地、留大部分好地的投机行为，西北局要求"均须动员群众揭发加以拒绝，统一征购过来，不许地主取巧"②。

绥德地委为了贯彻西北局的补充指示，于1947年2月13日也发布了《关于发动群众彻底解决土地问题的补充指示》，把西北局要求发动群众斗争地主的指示具体化，提出"发动百分之九十以上的农民（应特别注意动员妇女群众参加）和地主进行坚决斗争，是消灭地主阶级，教育农民和提高其阶级觉悟的唯一办法。斗争的方法，应该是通过群众诉苦、清算、要旧约旧账、立新约、丈量土地等方式，以压服地主气焰。组织形式最好是通过乡民大会，让农民直接向地主斗争。"③只有发动了群众，真正解决了农民的土地问题，在这个基础上才能很好地完成今春扩兵任务。日益扩大的战争形势，迫使中共对和风细雨般的土地改革方针做出调整，干部成为群众运动的领导者。

1947年3月，佳县县委再次检讨此次土改时，进一步指出，"土地改革不仅是要农民得到土地，而且更重要的是使农民充分的觉悟，使农民能够认识到由于共产党的领导，农民们团结起来，坚决向地主作斗争"。在发动群众对地主进行斗争时，要求农民"决不允许妥协，凡是同情地主，向地主妥协，就是革命性不强，组织观念薄弱"。在实际工作中，要求对地主留地情况进行检查，"以中农作标准，来衡量给地主留地之多少。多了往下减。"④给地主留地的标准进一步降低，只按

---

① 《西北局关于发动群众彻底解决土地问题的补充指示》，佳县档案馆馆藏档案，档案号（1-1-21）。

② 《西北局关于发动群众彻底解决土地问题的补充指示》，佳县档案馆馆藏档案，档案号（1-1-21）。

③ 《绥德地委关于春耕前深入发动群众彻底解决土地问题的补充指示》，佳县档案馆馆藏档案，档案号（1-1-21）。

④ 《佳县土地改革之初步检讨及今后意见》，佳县档案馆馆藏档案，档案号（1-1-21）。

照中农的标准进行留地，对地主的态度也由照顾变为坚决斗争，决不允许同情。

至此，陕甘宁边区土地征购政策已发生显著的变化，阶级调和的态度变成了阶级斗争，对地主由照顾变成了坚决斗争。态度变化之所以如此剧烈，与战场上的形势有直接的关系。1946年7月开始筹备土地公债时，解放战争主要集中在东北和中原解放区，陕甘宁边区还处在相对和平的环境。受长期和平环境的影响，且为了尽可能团结中间势力，陕甘宁边区政府决定采取让地主和贫雇农都能接受的和平的办法，既初步解决了农民的土地要求，也照顾了地主，维护了与中小地主的统战政策。但该政策并未彻底解决农民的土地问题，地主的封建残余依然存在，而且地主对土改基本持反对态度，分得土地的贫雇农也因觉悟没有提高，认为中共干部和一般意义土地交易中的"土地贩子"一样，而且因为分地中的不公平现象而心生不满。出现这样的现象，非中共所愿，但确实是政策所致。既想调和阶级矛盾，又想彻底解决土地问题，本来就是一个难以实现的任务。到1947年年初，胡宗南侵犯陕甘宁边区的危机笼罩着延安，紧张的战争形势逼迫边区政府必须对现行土改政策进行调整。于是，西北局发布了关于彻底解决土地问题的补充指示，改变了对地主留地的标准和照顾的态度，要求发动群众向地主做坚决的斗争，正式同地主撕破了脸面，真正动员了绝大多数农民。在对地主开展斗争的过程中，中共通过宣传教育，让群众真正了解了共产党领导的土地改革是实现耕者有其田的革命行动，是为了群众的利益，以此来动员翻身农民参军、参战、支前。政策的转变，犹如破茧之蝶，为中共赢得了更广大的生存和发展空间。

五、结语

1. 和平土改并非只是中共的政策宣传，而是陕甘宁边区政府解决土地问题的真实实践

和平赎买地主封建剥削的土地，是列宁在俄国革命时期提出并实施的政策

之一，孙中山也希望通过和平方式实现耕者有其田的目标。但辛亥革命未将和平赎买政策付诸实施，而中国共产党的和平土改政策在陕甘宁边区实实在在地开展了实践。陕甘宁边区的和平土改不仅有具体的政策，于1946年冬、1947年春在所属地域进行了广泛实践。通过政策的宣传和各地基层政权的忠实贯彻，地主献出了土地和房窑，征收了地主用于封建剥削的部分土地，承购给无地少地的贫雇农，一定程度上解决了贫雇农的土地问题，使农村土地占有更加平均化。

2. 和平土改没有真正解决陕甘宁边区农民的土地问题

陕甘宁边区政府的和平土改政策，既要满足贫雇农的土地要求，又要顾及统一战线，给地主多留地、留好地。抗日战争结束后，部分地区的农民突破了减租减息政策的要求，开始以多种方式收回地主的土地。这种现象要求中共中央必须有明确的态度，到底是支持农民土地还家的革命实践，还是继续维护抗战时期结成的与地主阶级的统一战线？此时，因解放战争尚未全面爆发，尤其是陕甘宁边区还是民主政府的标杆。因此，中共中央和陕甘宁边区政府采取了折中的办法，一方面明确表示满足贫雇农的土地要求，一方面尽可能照顾统一战线中的中小地主，于是通过征购地主富农封建剥削土地，承购给无地少地的贫雇农就成为当然的选择。但这样的政策毕竟是自相矛盾的，实行的结果是地主献出的土地和征购到的地主富农的土地，大多都是远地、坏地，虽然降低了地主富农占有土地数量，但质量上更多照顾了地主和富农。因而，无法真正满足陕甘宁边区贫雇农对土地的要求。最终，试图调和地主与贫雇农矛盾的和平土改政策让位于强调阶级斗争的暴力土改。

和平土改与陕甘宁边区的社会变革

和平土改，就是政府发行土地公债，在未实行土地改革区域征购地主超额土地，由无地、少地的贫雇农承购的土改政策。是1946年5月4日《关于土地问题的指示》（即"五四指示"）发布后，陕甘宁边区政府结合边区实际情况，在既要满足农民土地要求又要维护与中小地主统战关系背景下，于1946年秋到1947年3月在边区各地推行的"和平土改"。关于"和平土改"的既有研究[①]更多关注了中共制定及中止和平土改的原因等宏观层面，对于和平土改政策执行的效果，尤其是该政策对乡村社会变革的影响鲜有论及，仍有进一步研究的必要。本文以《解放日报》和佳县档案为依托，探讨和平土改政策执行后，边区土地占有关系及乡村社会风气等方面的变革，以抛砖引玉，不断深化对解放战争初期中共和平土改的微观研究。

---

① 杨奎松：《关于战后中共和平土改的尝试与可能问题》，《南京大学学报》2007年第5期；黄正林：《论抗战时期陕甘宁边区的农业政策》，《西北师范大学学报》1999年第5期；任晓伟：《1946—1947年中国共产党对和平土改政策的尝试及其放弃》，《陕西师范大学学报》2010年第4期；孙泽学：《论中共和平实现"耕者有其田"中的公债征购》，《中共党史研究》2010年第11期；刘景岚：《中共"和平土改"的有益尝试——以陕甘宁边区为中心的考察》，《社会科学战线》2013年第7期；张雨新、付建成：《论1946—1947年中共土地公债的政策与实践》，《学术界》2017年第12期。

一、地权关系变化显著

陕甘宁边区是抗战期间中共中央所在地,"是全国政策的标志性地区"①,在历史、地位和土地占有关系等方面都不同于其他解放区,因而其政策的制定和施行必然受到国内各政治派别,甚至英、美、苏等反法西斯同盟国的瞩目。抗日战争胜利后,和平为国内外各方势力所共同期盼,国共两党政策的变更势必为各方所关注,双方都不愿因主动更改现行政策而给对方发动战争以口实。在土地问题上,中共中央在七大明确宣布继续实行地主减租减息、农民交租交息的政策,维持中共土地政策的稳定性。即使制定了有改弦更张倾向的"五四指示"也没有公开宣传。因此,采取和平征购的方式从地主手里获取超额土地分给无地少地的农民的土地政策,成为中共在抗战胜利后既满足贫苦农民对土地的要求,又不破坏抗战期间与中小地主等中间势力结成的统一战线关系的一种基于现实考量而制定的政策。

1946年6月27日,毛泽东以中共中央的名义正式指出:"中央正考虑由解放区发行土地公债发给地主,有代价地征收土地分配给农民。"② 1946年7月8日习仲勋在绥德分区干部会议上指出:"我们今天提出一个新的想法,代农民给地主发行土地公债,将地主多余下来的地(指保持他生活所需的土地,或者比农民更多一些而言的土地)卖给农民,由农民分期偿还地价。这样,使地主变成债主,使农民有了地权,而达到耕者有其田。这个办法在边区及解放区实行起来的话,有很大的好处。"③ 习仲勋分析认为,采取和平方式征购地主超额土地、由无地少地农民承购的政策,既合乎孙中山三民主义的精神,又让农民获

---

① 《绥德地委关于土地问题的指示》(1946年),佳县档案馆馆藏档案,档案号(1-1-21)。
② 中共中央文献研究室编:《毛泽东年谱》(下),中央文献出版社1993年版,第99页。
③ 《习仲勋同志七月八日在分区干部会议上的报告》(1946年),佳县档案馆藏档案,档案号(1-1-27)。

得了土地，还减轻了地主公粮负担，同时还能得到英美资本主义国家的同情，可谓一举多得，对各方都有好处。因此，实行土地征购、承购政策成为解放战争初期陕甘宁边区政府执行中央"五四指示"以和平方式解决土地问题的尝试。

1946年9月底，陕甘宁边区政府委员会同意了李鼎铭副主席提出的发行土地公债的建议，12月13日边区政府公布了《陕甘宁边区征购地主土地条例草案》和《陕甘宁边区政府土地公债实行办法草案》，决定"在未经土地改革区域，发行土地公债，征购地主超过应留数量之土地，分配给无地或少地之农民，以达到耕者有其田的目的"①。边区政府发行土地公债，以低于市场价格征购地主超出标准之土地，由无地少地的农民以征购价格一半的价钱承购规定数量的土地，农民分十年还清土地公债，承购土地产权属于承购者，由边区政府颁发土地证以确保产权。自边区土地征购、承购政策公布后至1947年3月胡宗南进攻延安前半年多的时间内，以土地发行土地公债、征购、承购为主要内容的和平土改在陕甘宁边区各分区广泛开展。

以绥德分区佳县为例，从1946年农历腊月初一（1946年12月23日）延安工作团抵达佳县开始到农历二月初总结，除双建和开光两个新解放区外，全县其余10个区均按照《陕甘宁边区政府土地公债实行办法草案》精神，用一个月时间进行了土地征购与承购工作，基本上打垮了几千年来地主依靠土地残酷剥削农民的基础。"据神（泉）、乌（镇）、螅（镇）、店（镇）、城（关）和倍甘区等六个区的统计，共征出地主土地二万二千四百七十余垧。如果加上其他三个区，征购之数当可在三万垧以上。如贫苦农民每人按一垧半分配，则此次可以有二万人得到土地。"城关区、螅区、倍甘区、店区征购后，地主拥有土地仅为原来的40％②，土地占有关系较征购前发生显著变化。从全县范围来看，各阶层土地占有情况在"和平土改"前后也发生了较大的变化，如下表：

---

① 《陕甘宁边区征购地主土地条例草案》（1946年），佳县档案馆馆藏档案，档案号（1-1-21）。
② 《佳县土地改革之初步检讨及今后意见》（1947年），佳县档案馆馆藏档案，档案号（1-1-21）。

和平土改前后佳县各阶层土地变动情况[1]

成分	户数（户）	人口（人）	原有土地（垧）	占全县耕地百分比	改革后土地（垧）	占全县耕地百分比	改革后人均土地（垧）	改革后人均土地（垧）
地主	671	3880	56471.06	17.8%	16531.17	5.08%	14.221	4.065
富农	1482	7821	57286.2	18%	42602.35	13.4%	7.13	5.17
中农	5206	24530	103750.28	32.7%	103987.25	32.66%	4.23	4.24
贫农	12504	54988	94716.3	29.5%	139813.15	44%	1.29	2.15
雇农	2072	7340	4501.14	1.2%	15235	4.78%	0.241	2.03
其他	122	445	411.35	0.8%	722	0.07%	0.8924	1.6

（说明："其他"项目中原有土地垧数与占全县耕地百分比不符合，但原文如此，应为2537垧。）

从上表可以清楚看到，地主土地被征购后，土地占有的绝对数量和人均数量均有较大幅度的下降。土地总量上，由土改前占有全县17.8%下降为5.08%，人均耕地面积由原来的14垧下降为4垧，地主占全县土地的总量和人均面积均仅为土改前的1/3，与上文所说的螅区、店区、倍甘区、城关区地主土地面积仅有原来的40%基本吻合。而无地、少地的贫雇农由于以征购价格的一半承购了土地，拥有耕地的绝对数量由原来占全县土地面积的29.5%增长至44%，增幅达14.5%；人均土地面积由原来的1.29垧增至2.15垧，增长了将近一倍；雇农土地的绝对数量、人均面积虽然仍远远少于地主和富农，但增幅最大，已经基本上接近贫农。自抗战以来由于实行减租减息、合理负担政策已经初步改变的陕北老区土地占有关系，因为征购承购政策的实行，再次发生显著变化，贫雇农因和平土改政策获得了部分土地。

为指导各分区正确领导土地改革，同时发现典型以推广经验，西北局和陕甘宁边区政府派出三个土地征购工作团，分赴绥德新店区一乡贺家石村、庆阳

---

[1]《佳县土地会议报告》（1947年），佳县档案馆馆藏档案，档案号（1-1-43）。

高迎区王家塬乡和米脂杨家沟乡进行试点。中共西北中央局组织部部长马文瑞作为土改工作团成员赴陇东分区开展土地征购试点工作，由于庆阳高迎区王家塬乡土改工作成效显著，成为土地征购中的典型，其成功做法被当作经验在《解放日报》广为宣传。据统计，该乡共征购地主土地1900余亩，以每亩地价为该地一年至一年半之收获量，由82户457人无地少地农民所承购，人均承购土地4垧多。承购土地后，该乡97%的土地已为农民所有。①庆阳王家塬土地征购、承购工作基本上解决了该乡农民缺地、少地的状况，大部分土地归农民所有，基本实现了土地还家，封建剥削基本上被消灭。

习仲勋作为土改工作团成员在绥德县新店区一乡第四行政村——贺家石蹲点，指导征购、承购试点工作。该村共有149户689人，有土地2696垧（其中包括本村地主拥有的736垧外村土地）。本村地主均姓党，有7户，土地最多时有900多垧，在中共领导下的"三三制"政权建立前还占有1433垧土地，人均占有土地25.14垧。而本村人均土地只有3.912垧，其中贫农81户人均土地仅1.095垧，雇农5户人均土地0.5垧，还有3户赤贫不占有任何土地。②以上数字显示，虽然经过了抗战时期的减租减息政策，但该村各阶层人均占有土地还有相当差距，贫雇农土地不敷耕种，仍需要租种地主土地。土地征购工作组进村后，从1946年11月25日开始试办土地公债，经过9天时间便宣布胜利完成征购与承购工作。"全村六十一户无地或地少的农民，用十九石八斗米，买得了四百二十四垧半地（内有典地一百四十一垧半）；卅户无窑住的人，用十八石四斗米，买得二十孔窑和两块窑的崖面。"③61户无地少地的贫雇农承购了土地420.5垧，平均每户承购了6.9垧，承购土地的贫雇农家庭占该村贫雇农总户数的68.5%。同时，对于劳动力弱的农户、光棍汉和军工属家庭在土地数量和质

---

① 《边区试行土地公债新范例——庆阳高迎区王家塬乡合理完成土地征购》，《解放日报》1947年1月21日。
② 《绥德县新店区贺家石试行土地公债情况》(1946年)，佳县档案馆馆藏档案，档案号(1-1-20)。
③ 《绥德新店区贺家石村试行土地公债胜利完成，六十余户贫苦农民购回土地四百廿余垧》，《解放日报》1946年12月20日。

量方面予以照顾。著名劳动英雄刘玉厚的家乡——绥德县郝家桥村农民在承购到土地后高兴地给毛主席写信说,以前"全村租地主两千多垧地,出六百多石租子",现在"全村一百四十多户人家,就有一百一十七户买到土地"。①全村贫雇农除4户担心地主报复等原因而不愿承购土地外,其他缺地、少地贫雇农都承购到了土地,人均承购土地将近2垧,贫雇农缺地少地的状况得到了根本性转变。

二、生产积极性空前高涨

土地被农民视为命根子,是农业生产者赖以生存的最基本的生产资料,陕北有"地种三年如母亲,再种三年比母亲"的农谚,足见陕北农民对土地的珍爱。土地质量决定产量,如何在既有条件下不断改良土质、提高产量是一个好的"受苦人"(陕北人对种地人的称呼)必须具备的知识和技术之一。在化肥应用之前,中国传统农业生产技术较为单一,多施农家肥、勤锄地是农民改良农业生产技术最主要的方法。集体化时代人尽皆知的一句"庄稼一枝花,全靠粪当家"充分说明了施肥对于改良土质、提高产量的作用。"人家一垧地只上五六驮粪,他要上十几驮,于是,人家一垧地只收粮食五六斗,他的却要打一石二三斗。"②从子长唐家沟老乡的话中既可以看到施肥多少对于产量好坏的影响,也可以看到农民对于施肥的重要性心知肚明。但在传统封建租佃生产关系下,贫雇农自己拥有的土地不够耕种,必须租种或者伙种地主、富农的土地才能维持全家的生活。可是,由于土地产权归土地出租者所有,且佃耕、伙耕的农民没有永佃权,土地出租者可随时收回出租的土地。因此,租种、伙种土地的农民担心因土质改良、产量提高后地主增加租子,"不然就要抽地",因此"农民生产情绪不高,不愿改良作务"。③据当地的农民说,"假如谷地上粪,每垧增加收

---

① 《决心保卫土地打垮蒋胡进攻 郝家桥农民上书毛主席》,《解放日报》1947年3月8日。
② 《子弟兵的父亲——介绍子长一区五乡的三位生产老人》,《解放日报》1947年1月20日。
③ 《绥德县新店区贺家石试行土地公债情况》(1946年),佳县档案馆藏档案,档案号(1-1-20)。

成三分之一至四分之一。"然而,"谷子此间都不上粪"。①一个好的"受苦人"明知施肥对于农作物生长的重要性却不愿施肥,担心土质改良后地主收回土地,即使地主不收回土地,也会加租。承租土地的农民起早贪黑拾粪,辛苦付出的劳动并没有得到额外的酬劳。因此,除非在仅有的一点自地上施肥外,一般农民不愿天天辛苦出去给租种土地拾粪。如延安县川口区一乡刘万家沟55户172人,"过去只有六七户拾粪"。②土地不施肥,自然产量不高,交租后难以养活全家人口,艰辛的生活可以想象,但他们却在施肥与低产之间处于两难境地。

由于农民辛勤劳动所得要给地主上交相当部分的地租,辛勤的劳动却不能养家糊口,那时候的农民看不到生活的希望,生活是苦闷的,心情是沉重的,也没有心思改良生产方法。到了冬天农闲陕北农民无事可做,窝在家里熬冬,天气好的时候倚靠在墙根下晒太阳,不少好吃懒做者聚集耍钱,用近似于麻醉自己的方式肆意挥霍着长达四五个月的冬天。但是,1946年的冬天与往年不一样,拥有了属于自己土地的农民在刚刚"土地还家"后,便开始积极准备来年春耕,尤其是利用冬天农闲时节出去拾粪,准备大力改良刚刚属于自己的土地。子长一区五乡唐家川以拾粪闻名的白老汉很快成为全乡著名人物,群众感叹道:"看见老汉拾粪,我们真是太把光景糟蹋了。"③原先无心改良生产的农民纷纷跟着白老汉一起拾粪,乡间大路上经常能够看到提筐拾粪的农民,乐呵呵地一起聊着来年的春耕准备工作。

延安县自实行土地改革后,群众的生产热忱被鼓舞了,农村整日间充满了劳动的气氛,农民喜气洋洋地提着粪筐拾粪,上山砍柴,准备开春大生产。原先只有六七户群众拾粪的延安县川口区一乡刘万家沟,这次每人平均得到10亩土地后,即有30多人抢着拾粪。68岁的张德盛得到土地后一面拾粪,一面高兴地对人说:"我们四辈子都是穷汉,现在共产党给我做下好事了。"延安县二十

---

① 《佳县土地租佃关系与减租工作初步材料》(1943年),佳县档案馆馆藏档案,档案号(1-1-1)。
② 《延县农民获得土地热烈准备今春大生产》,《解放日报》1947年1月23日。
③ 《子弟兵的父亲——介绍子长一区五乡的三位生产老人》,《解放日报》1947年1月20日。

里铺乡副乡长张招喜、村长王德贤等五人赶着驴，担着筐子到桥儿沟、刘万家沟大路上拾粪，张招喜儿子已拾下60多担粪。①绥德沙滩坪区一乡郝家桥村44岁的农民郝进礼天天拾粪不间断，鸡一叫就起来和儿子一起到距村20里路的绥德县城拾粪，因此被评为拾粪英雄。在基层干部和农民劳动模范的带动下，深知施肥对于农业生产重要性的贫苦农民踊跃加入拾粪的队伍中。米脂县十里铺区小桑坪李汉江老汉得到五垧地后，每天鸡一叫就起来拾粪，连大年初一都没有停歇。绥德县田庄四乡田家沟周玉秀新娶过门不到三个月的儿媳妇"出门看见粪，也往回拾"。绥德县吉镇刚娶妻的农民马守信承购9垧地后，每天天刚亮就起来拾粪，过年时连丈母娘都没拜，害怕耽误拾粪。②刚过门的儿媳妇、大年初二本来要拜丈母娘的新女婿拾粪，生动反映了中共政权实施土改农民获得土地后热爱劳动的社会新风气的形成。边区农民不惧严寒，鸡鸣即起来出外拾粪，来回一整天，行走数十里。但得到土地后的农民并未嫌弃粪便的污秽，而把积肥当作描绘美好生活画卷的画笔，为来年春天大生产奠定坚实的物质基础。

  1946年冬天陕甘宁边区农民准备春耕的热情不同以往，不仅表现在农民利用冬闲拾粪准备改良生产方面，还突出表现在添置耕畜与修理打造农具方面。绥德县郝家桥村的农民在土地回到农民手里后，像欢迎久别的亲人回家一样，积极准备来年的春耕。绥德县新店区贺家石村土地征购试办时，郝家桥的农民就知道土地即将回到自己手中，他们便谈论着："早把工具收拾好，一到时候，就上地动弹呀！"于是，他们请来了铁匠，修理损害的农具，"村子里每天响着铁锤的声音，熊熊的炉边飞溅着火星"，③呈现出一派准备春耕的火热场面，农民在土地回家的第一年冬天热切期盼着春天的到来，希望用自己的勤劳和汗水收获丰收。

  除土地外，耕畜也是农业生产不可或缺的生产资料。土改之前，陕甘宁边

---

① 《延县农民获得土地热烈准备今春大生产》，《解放日报》1947年1月23日。
② 《绥区得地农民迎接春耕积极完成冬季生产》，《解放日报》1947年2月24日。
③ 《期待着春天的来临，郝家桥农民承购土地后迎接生产》，《解放日报》1947年2月4日。

区贫雇农普遍缺乏用于耕种的牛、骡子或者驴。土改后，虽然农民得到了土地，但耕畜普遍缺乏。于是，翻身农民纷纷集资合伙买牛。郝家桥村的刘排厚和他的两个兄弟已经买回来一条牛，承购了18垧土地的郝永华等三家也打算合伙买一头驴。①米脂十里铺区蒋家沟村杜仲清、李增海等人没牲口，最近派人到延安买回4条牛。②延安县川口区一里铺几辈子无地可种的农民曹增业和贺和堂得到土地后合伙120边币元买回一条大犍牛。③买回耕牛后，边区获得土地的农民有更大的信心提高农业生产，不但提高了劳动效率，也能积攒更多的粪肥以改良土质、提高产量，一种良性循环的农业生产方式正在形成。

三、生活水平切实提高

实行土地征购、承购后，虽然地主还占有多于中农土地数量、优于其质量的土地，但总的来说，土地占有关系朝着有利于贫雇农的方向发生着显著的变化。获得土地的农民，在冬闲季节已经开始积极准备来年的春耕，生产积极性空前高涨。由于拥有了自己的土地，不用再担心地主抽地而无生计，也不用再给地主交租，只要勤于劳动，精心耕作，除了给政府交公粮外，收获物全归自己所有，生活水平较以前有较大幅度的提高。1947年1月24日，《解放日报》刊登的一篇文章以绥德县贺家石村一位50多岁的妇女的经历，对比了新旧政权下陕北农村社会变化情况，这是一个说明土地改革后农民生活水平提高的非常生动的例子。丈夫死后独自抚养三个孩子的高老婆给地主家做家务整整十年，随叫随到，任劳任怨，但一年到头却只能吃粗糠、喝黑豆水、喝瓜糊糊艰难度日，冬天都没有棉衣，只能穿着破烂的露出臂膀的衣服。中共政权在绥德建立后，她

---

① 《期待着春天的来临：郝家桥农民承购土地后迎接生产》，《解放日报》1947年2月4日。
② 《绥区得地农民迎接春耕积极完成冬季生产》，《解放日报》1947年2月24日。
③ 《延县川口一里铺等三个村农民收回恶霸夺地三千余亩 村民获地后买牛准备大生产》，《解放日报》1947年1月7日。

在合作社领棉花纺线、织布，生活逐渐改善。本次土地改革中，她承购了三垧土地，典买的五垧地和一孔窑洞产权也归她所有。过年的时候，她给三个儿子每人做了一套黑布袄、月白裤，她自己也有一件灰色斜纹布袄、月白围裙和黑呢裤子。这样的生活变化，让她笑得合不拢嘴，对人表示"如今真是坐朝廷了"。坐朝廷是什么滋味，高老婆根本无法体验，但用她最美好的生活想象来表达承购土地后农民生活的改善，是再质朴不过了。

　　政府分给了农民属于自己的土地，还帮助解决了贫苦农民缺乏籽种和生产工具的困难，陕甘宁边区农民在1946年这个冬天倍感温暖，连过年都和往年大不一样。榆横新区人民在腊月推豆腐、蒸馍馍、割肉买酒，欢度第一个快乐的春节。雇农何峁给地主叶尚荣揽工数年，辛苦的劳作并没有改善家庭生活，反倒因为借高利贷而背井离乡，夫妻二人过年也没法团圆。1946年农历年前"我们夫妻娃娃都团圆了。过年前缝了两块新花被子，买了肉，泡了糕"。曾被国民党逼得卖光家产又被拉壮丁的中农陈希英高兴地说："正月初一，又能吃扁食啦！"①吃饺子过年是北方人的习俗，1946年土地改革后，承购到土地的农民对未来的生活充满了希望，用"又能吃扁食"来表达其生活改善的程度，是他们对美好生活最生动的诠释方式，也是农民生活明显好转的证据。

　　除了能够在过年添置新衣服、吃饺子外，陕甘宁边区农民在土地承购后因为不用再给地主交租，还可以积攒一些钱去办理多年来不敢奢望的事情，比如娶婆姨。由于没有最基本的生产资料，租种别人的土地每年要交付相当数量的地租，剩余的收获物难以维持家庭生活。若遇到灾年，生活更加困苦不堪。因此，有闺女的人家都不愿意嫁给穷汉，陕北娶不到婆姨的光棍汉不少，绥德贺家石"因贫穷未娶过老婆的'光棍'还有卅五个，卅岁以上的即有四个"②。陕北穷人家的女子多早婚，而穷人家的男子结婚较晚，甚至有因为贫穷终身未婚的光棍汉也不在少数。分到土地后，农民看到了生活改善的希望，以往因没有

---

① 《榆横一雇农翻身过新年》，《解放日报》1947年2月15日。
② 《绥德县新店区贺家石试行土地公债情况》（1946年），佳县档案馆馆藏档案，档案号（1-1-20）。

聘礼而无法娶亲的男子开始找人提亲。也因为中共的阶级政策以贫雇农为坚定的依靠对象，贫雇农在政治上有优越性，旧社会攀富结贵的风气也开始转变，选择贫雇农为结婚对象成为光荣的事情，这也初步改变了贫雇农娶妻困难的状况。绥德张家沟的王玉春揽了几十年工，好不容易订下一个婆姨，但一直没有窑洞住，所以无力娶媳妇回家。这次王玉春承购到了两孔窑和一些地，窑洞还有装好的门窗，解决了结婚窑洞的问题。大家向王玉春恭喜说："王玉春今年逢双喜，买窑购地引婆姨，这下真是咱们穷人翻身了。"①农民真正的翻身，不仅是获得了土地，更重要的是增加了对生活的信心，而娶妻生子、人丁兴旺才是传统乡村社会农民对美好生活的期望。获得土地、娶到媳妇的陕北农民才可以说真正实现了翻身，开启了美好的生活。

四、对乡村社会产生深刻影响

在传统农业社会中，土地是农业生产者赖以生存的最重要的生产资料，中共在陕甘宁边区以土地征购、承购为中心内容的土地改革不仅改变了乡村社会的生产关系，也深刻影响了整个乡村社会秩序。

1. 妇女与男子一样平等分地，推动妇女社会地位提高

在传统陕北农村，受男尊女卑封建思想的浸淫，妇女社会地位尤其低下，在家从父，出嫁从夫，甚至被父亲和丈夫当作家庭财产一样可以交易。当地民谚"再孬的汉子走州县，再好的女子锅边转"形象地反映了妇女的社会地位。传统社会中妇女社会地位低下，主要与家庭财产的父系继承有关系，女性没有财产继承权，经济上不独立，人格上也就无法独立，因此一直作为男性家庭的附属存在。1946年12月13日公布的《陕甘宁边区征购地主土地修正条例草案》第十一条明确规定"征购土地之分配，应按人口分配给无地少地之贫苦人民，使

---

① 《拔去穷根栽富根 家家户户笑颜开》，《解放日报》1947年1月30日。

每人所有之土地数量与质量，达到大体平均。"①按照条例规定，妇女与男子一样可以分到一份土地。妇女取得与男子同样的土地承分权，在经济上取得与男子平等的地位，也提高了妇女的社会地位。

随父母从河南逃难到陕甘宁边区富县道德区三乡四儿河的17岁女子宋叶儿和邻村一个劳动很好的青年农民魏富贵恋爱了，但其父一心想回河南，对这门亲事始终不赞成。当得知土地改革自己可以分配到一份土地，以后的生活有了保障后，宋叶儿不顾父亲反对果断选择和所爱的人结婚。为调解宋叶儿和父亲在婚姻问题上的矛盾，区政府把男女双方、介绍人和女方父母、哥哥叫在一起，当面问明情况。宋叶儿的哥哥对她说："你愿跟娘回去就说跟娘，愿跟富贵结婚就说跟富贵，只要你自己愿意，爹妈不反对你的。"她的回答勇敢而坚决："我要跟富贵！"②宋叶儿不顾父亲反对敢于争取婚姻自由，《解放日报》对此称赞道："'自由'这个名词被一个才17岁的农村妇女口里喊出来，是有着深长的意味。"她之所以敢于争取婚姻自由，除了有中共婚姻自由的法律保障之外，在土地改革中能够分配到一份土地，即使不依靠父、兄，自己的土地也可以保障未来的生活，经济自由是其敢于争取婚姻自由的重要保障。

2. 对二流子的转变有所促进

对于要不要给二流子承购土地，陕甘宁边区不少农民持消极态度，担心二流子分到土地后或者会荒芜，或者会卖地继续抽大烟、赌博。但边区政府从改造的角度出发，在佳县县委讨论土地公债会议上提出"能改造的二流子可以给地，但宣布让种不让卖"③。绥德县委在贺家石土地征购工作总结中提到，"土地政策是阶级路线，故二流子也应给承购土地"，④但为了防止他们将承购来的

---

① 《陕甘宁边区征购地主土地修正条例草案》(1946年)，米脂县档案馆馆藏档案，档案号（0011-1-10）。
② 《宋叶儿和魏富贵的婚事——富县土地改革中的一段佳话》，《解放日报》1947年2月19日。
③ 《讨论土地公债会议记录》(1946年)，佳县档案馆馆藏档案，档案号（1-1-28）。
④ 《绥德县新店区贺家石试行土地公债情况》(1946年)，佳县档案馆馆藏档案，档案号(1-1-20)。

土地卖掉继续过不务正业的二流子生活，政府须监督其勤劳生产，并由其家人出面承购，土地产权暂归农会保管。对于不愿承购土地的落后二流子，经教育劝解仍不悔悟者，可将这部分土地当作学田或义田。

有些二流子好吃懒做是因为没有土地，长年累月的揽工、雇工未能改善生活，于是破罐子破摔，过着有今天没明天的生活。当听到政府也给他们分到一份土地后，部分二流子开始转变，准备投入生产，改变好吃懒做的坏习惯。绥德郝家桥村王汉章是该村仅有的两个懒惰者中的一个，人们没有剥夺他承购土地的权利，这次土地公债中他承购了七垧地。在庆祝会上，他也压抑不住内心的喜悦，穿过人群走上土台，他提高嗓子说："请大家放心，我一定好好生产，要是把庄稼荒了，大家把地收回去。"①绥德吉镇农民延锡忠从前不好好生产，这次承购到七垧地后，便向农会坚决表示每垧地要多打五升粮，并且订好了全年的生产计划。②一方面，边区政府给愿意改造的二流子分配土地，为他们劳动生产提供了物质基础。另一方面，边区政府通过地权约束和群众监督，限制其卖地行为，为推动他们改变奠定了制度保障。二流子决心转入生产，既改造了旧社会的不良风气，又为解决边区经济问题、为解放战争供应充足的粮食增加了劳动力。

3. "和平土改"在照顾地主的同时，也推动了地主生活方式的转变

虽然土地征购政策对地主有所照顾，所留土地相当于当地中农的1.5倍到2倍，而且所留土地多为好地、近地。但总体来看，地主土地占有数量大幅度减少。在超额土地被征购的同时，中共自抗战以来的减租减息政策和战后初期的"和平土改"政策，也促使部分开明地主认识到中共的阶级政策，意识到自己不劳而获、依靠封建剥削的生存手段不是长久之计，要在中共政权下生存，就必须改变不劳而获靠剥削维生的生活方式。于是，部分地主本人及其家人开始

---

① 《期待着春天的来临：郝家桥农民承购土地后迎接生产》，《解放日报》1947年2月4日。
② 《绥德各地得地农民计划展开生产运动》，《解放日报》1947年2月11日。

参加生产劳动。绥德郝家桥村仅有的两家地主刘永昌和刘永明在几年来的减租运动中，已感到不能继续不劳而食的生活，开始生产劳动，而且生产积极性还较高。①子洲地主张善绍表示，"今后要靠自己劳动，自己享受，不能光吃不生产。"不仅下了决心，而且还连续召开两次家庭会议，给全家所有人订出了生产计划，做到吃穿自给。次日全家便积极进行生产准备：两个媳妇亲自修理纺车，雇工匠做好一架织布机，并已开始纺线，两个儿子上山砍烧柴，并抽空往山里送粪。张善绍已62岁，每天天不亮就拾两回粪，赶牲口驮两回水，他的婆姨烧火做饭做零活。②

地主参加生产劳动后，不仅能够依靠自己的劳动为全家提供生活资料，而且改变了原先饭来张口衣来伸手、整日闲逛或抽大烟的不良生活习惯，身体也因参加劳动更加硬朗，部分地主走上了"张永泰道路"，发展资本主义工商业，经济上并没有因为土地减少而显著下降。安边县县长刘文卿为地主成分，他在此次土地征购中带头献地，他说："过去咱们一年到头不劳动，非租子过活不了，一天到晚不是骑着马串，就是吸洋烟、耍赌博，这样下辈儿孙也不能长进。我们虽有地、有粮、有钱，但是家道总是一代不如一代，其原因就是我们不劳动。以后，参加了生产，儿孙也不会变成二流子了。"③旧社会有的地主因吸洋烟而搞垮了身体，在亲自参加劳动后开始恢复健康，也不用担心因奢靡生活毁掉下一代，安边地主对记者表示，这次土地改革使农民和地主都翻了身，农民在经济上翻了身，地主在身体方面翻了身。"翻身"在土改时期是农民使用频率很高的词语之一，但地主说自己"身体上翻了身"虽然不多见，但从实际效果来看，通过参加劳动不但改变了地主的生活方式，也改变了他们因吸洋烟而垮掉的身体。

---

① 《期待着春天的来临：郝家桥农民承购土地后迎接生产》，《解放日报》1947年2月4日。
② 《绥德各地得地农民计划展开生产运动》，《解放日报》1947年2月11日。
③ 《安边东滩区完成土地 刘文卿诸氏献出水地一万三千余亩 庆祝会上地主说农民地主都翻了身》，《解放日报》1947年1月15日。

五、结语

解放战争初期,一方面为了保持与中小地主统战关系,另一方面又要满足贫雇农的土地要求,中共中央希冀通过和平方式调整战后农村土地占有关系。陕甘宁边区政府发布了《征购地主土地条例草案》及其修正案,以政府发行土地公债的形式征购地主超额土地,由无地少地农民来承购,农民承购土地只需要支付公债价格的一半。这样,地主拥有债权,利益未受损失;无地少地农民则以较便宜的价格偿还土地公债而拥有了土地产权。在属于自己的土地上耕种,农民生产积极性空前高涨,在寒冬腊月便积极准备春耕,有人甚至在过年时节都没有停歇。由于不用再将土地收获物的相当部分作为地租交给地主,农民生活水平较以前有切实提高,不但有效解决了吃饭问题,而且部分长期因无钱娶妻的光棍汉也圆了结婚生子的梦想。通过土地政策的调整(如减租减息政策),大多数地主明白中共解决农村土地问题是大势所趋,依靠地租生活的地主开始参加农业生产劳动,投资资本主义工商业发展新民主主义经济,生活水平也没有因此而下降。同时,还有不少有烟瘾的地主在参加劳动后戒掉了多年的烟瘾,二流子好吃懒做的毛病在政府监督下也有所改变,社会风气有所改良。

因此,解放战争初期陕甘宁边区实行的土地征购、承购政策虽然历时较短,且因胡宗南进攻延安而暂停,但因为在陕甘宁边区未实行过土地革命地区首次实现了"耕者有其田",乡村原有土地占有关系以及社会风气开始有所改变。因此,不能因为该"和平土改"政策后来被中共放弃而否认其作用。而且,陕甘宁边区"和平土改"的实践为中华人民共和国成立后对民族资本的和平赎买提供了一定的经验和教训。

(原载《党的文献》2018 年第 3 期)

1948年佳县木头峪群众"赴县请愿"事件中的工作组与干群关系

1947年9月中共中央通过《中国土地法大纲》,并于同年10月10日正式公布施行后,各解放区派工作组、工作队、工作团(以下均称为"工作组")进入乡村组织贫农团,指导并帮助贫农团开展评定成分、斗争地主、分配斗争果实等工作,在解放区土地改革运动中发挥着关键作用。关于土改时期的工作组与贫农团研究,学界从微观政治的视角深入考察了华北土改中的工作团(工作队)和贫农团,产生了一些有影响的成果。[1]然而,由于中国地域辽阔,各地区之间因地理环境、地域文化以及社会心态有较大差异,各地区土改工作组与贫农团的人员构成、工作机制不可能只有现有研究的一个模式。目前学界对贫农团和工作组的研究集中于华北地区,其他地区鲜有论述。尤其是作为中共中央所在地陕甘宁边区的工作组与贫农团尚无专文论述。加之对基层一手档案资料发掘

---

[1] 李里峰:《工作队:一种国家权力的非常规运作机制》,《江苏社会科学》2010年第3期;李里峰:《华北"土改"运动中的贫农团》,《福建论坛》2006年第9期;徐进:《论1947—1948年华北土改中的工作团和贫农团——以晋察冀为中心的考察》,《开放时代》2011年第6期。

不够，已有的研究成果对土改运动在基层的开展情况，工作组干部与原有地方党政干部以及群众之间的关系等问题，尚缺乏深入的微观研究。有鉴于此，本文试图在现有研究的基础上，利用佳县土改档案以及相关资料，以1948年初佳县店区五乡土改工作组干部鼓动木头峪村群众到县城请愿事件为个案，探讨解放战争时期陕甘宁边区土改中的干部与群众、工作组干部与地方干部、干群之间的关系。

一、1947年冬木头峪土改概况

1947年11月1日，中共西北中央局在绥德义合召开会议，传达全国土地工作会议精神，部署陕甘宁边区的土地改革和整党工作。受晋绥土改中"贫雇农打天下坐天下""群众要怎么办就怎么办"等"左"的做法的影响，西北局义合会议上一些不正常的情绪和"左"的偏向逐渐露头。会议认为1946年冬陕甘宁边区试行的土地征购政策走了地富路线和官僚主义，土改干部坐在地主富农的怀里，提出本次土改要抛弃旧圈子，走贫雇农路线。干部们为了防止再犯右的错误，产生了"左"比右好，宁"左"勿右的想法，一些"左"的做法随后在各县土改中逐渐蔓延了开来。

1947年12月2日，佳县召开县、区、乡三级干部会议，传达西北局义合会议精神，部署佳县土改工作。佳县三级会议召开了将近半个月，逐条学习了土地法大纲，讨论了习仲勋在义合会议总结报告中提出的具体政策。但由于担心再犯错误，参会干部在最后三天会议讨论中，"大家精神上很受过去土改犯了错误之束缚，深恐今后再犯错误，虽是一个很小的问题也要提出来。"[①]尤其是义合会议批评干部过去走了地主、富农路线与干部路线，要求干部下乡走群众路线，但如何走群众路线，并没有明确的指示，参会干部对此讨论非常热烈。有

---

① 《佳县土地会议报告》，佳县档案馆馆藏档案，档案号（1-1-43）。

人提出，由于下乡干部对当地情况不熟悉，能不能到乡政府问一下、能不能在乡政府住宿、万一走到地富的窑洞里怎么办？由这些问题的提出，可以看出干部们对扣在头上的走地富路线、干部路线的担忧，也不难看出他们对如何走群众路线心里没底。大会最后一天总结时，县委领导就群众路线专门指出，"群众路线就是阶级路线，一切由群众自己做，斗争清算、分配果实，这是群众的事，反对干部从中包办"①。受西北局义合会议抛弃旧圈子的影响，佳县三级会议大部分参会干部认为，走群众路线就是抛弃旧干部、旧党员，"一切由群众说了算""群众要怎么办就怎么办"。

佳县位于陕西省榆林市东北部、黄河中游晋陕峡谷西岸，北接毛乌素沙漠南缘，西临米脂，南靠绥德、吴堡，东与山西临县隔河相望，两岸商业往来频繁。木头峪是黄河西岸的一个渡口村庄，北距佳县县城20公里，土改时期属于店区五乡。全乡共三个行政村，木头峪村单独作为第一行政村。1947年土改时全村有211户910人，占全乡总人口1729人的52.6%。工作组划定全乡地主有40户，其中35户在木头峪村，是一个典型的地主村，因此成为店区五乡土改工作组的工作重点。

12月14日佳县三级会议闭会，第二天土改工作组干部分别下乡，店区五乡工作组组长石达康于会议闭会前离开佳县县城前往木头峪村，天黑前到达木头峪村住在地主苗芳田院内。住在同一大院的还有马维相（或"马维祥"），此人系外村迁来，无正当职业，靠在黄河两岸走私违禁物资维持生活，日子过得紧巴巴的。苗芳田被扫地出门后整个院子五孔窑洞分给村中无窑的人居住，做生意能说会道的马维相对初来乍到的石达康非常热情，他常给石达康送点纸烟、花生、枣等，且对木头峪村原工会主任曹富堂有私人意见，很快就成为石达康依靠的主要对象，"（石）即活动选为贫民团长"。②石达康到木头峪当晚，除和马

---

① 《佳县土地会议报告》，佳县档案馆馆藏档案，档案号（1-1-43）。
② 《店区五乡（木头峪）工作组关于石达康同志的土改工作材料》，佳县档案馆馆藏档案，档案号（1-1-77）。

维相谈话外，还找了世代工人出身的张越等人。石达康和他们谈话的方式是询问他们对该村何人有意见，有没有冤枉事件。此话正中张越下怀，他当即便问，"我有私仇是否可以报"，石达康在询问原因后随即答可以报，从此张越即成为土改中的积极分子，石达康通过活动使张越被选为水手工人工会主任。①石达康在木头峪搞土改期间依靠的对象还有一个揽工十年的张胜庆，群众不明白为何二人关系很好，石达康曾和妻子徐挥说："（张）对他怎好"，②随后便推选张胜庆为贫民团副团长。毫无工作经验、年仅19岁的雇工张志亮被选为农会主任，无业游民张宏庆在土地革命时带人摧毁了木头峪党支部，却被选为农会宣教委员。木头峪黄河渡口是黄河晋陕峡谷内蒙古包头到山西碛口商业圈的重要码头，因此村中以黄河航运为生的水手工人众多，所以该村不同于一般村庄只有贫农团组织，水手工人工会亦是土改期间重要的权力机关。石达康委任马维相、张越、张胜庆等人为贫农团、工会主要负责人，由他们单线发展，联络世代受压迫的水手工人和贫雇农，组成了新的工农联合贫农团。

之所以石达康要在佳县三级干部会议闭会前到达木头峪村，与其观念中的绝不走"干部路线"（官僚主义）有关系，他要赶在同样参加三级会议的店区五乡指导员苗从矩、乡长马云田返回木头峪之前到达，以土改工作组组长的名义解除五乡党政组织负责人的权力，以土改工作组为本乡土改期间的权力机关。石达康在到达木头峪当晚召集积极分子谈话时便指出，土改期间店区五乡所有一切事务全归土地改革指挥所，由他任指挥，而原来的"乡政府是牌位子"，旧干部一律不用，共产党员一律不用，宣布解散木头峪村党支部，撤销五乡指导员、木头峪村党支部书记苗从矩职务，规定党员以后要由村民重新选。

石达康在木头峪开展的土改工作从斗争旧干部入手，他提出先斗干部再斗地主的口号，并开始收集乡长马云田的材料。收集材料的方式与他到木头峪当

---

① 《石达康同志的土改材料》，佳县档案馆馆藏档案，档案号（1-1-77）。
② 《店区五乡（木头峪）工作组关于石达康同志的土改工作材料》，《石达康同志的土改材料》，佳县档案馆馆藏档案，档案号（1-1-77）。

晚同积极分子谈话的方式一样，谁同马云田有私人意见，就找谁收集材料。结果，农会委员张宏庆曾因抽大烟遭到马云田惩罚而对其有意见，石达康即以张宏庆所反映的材料为依据，认为马云田贪污了斗争果实。1947年12月24日，在石达康居住的原地主苗芳田的院子里，召开有全乡500多人参加的斗争大会，以"贪污乡长"的名义斗争马云田。但石达康对当天的斗争情况很不满意，对农会、贫农团、工会委员们说："乡长你们不敢斗，怕什么，有我石达康撑腰，你们尽量提议，明天还要好好地斗。"并要求各行政派人于当天晚上和马云田算果实账，并清查一切账务手续。"算得结果也没有什么差错，马以为自己的账没差，心也就放了。"① 12月25日继续斗争马云田，在马云田贪污没有事实依据的情况下，石达康以原乡政府住在地主苗庆国院子而苗庆国公粮偏轻为由质问马云田："你和苗庆国（地主成分，在佳文工团工作）有何私通（私下往来）"，张宏庆也追问富农张宗矩公粮轻是什么原因，"是不是你包庇（包庇）"。马云田向石达康解释说："这些轻重实际是由夏征委员会征的，当时我还说张宗矩的轻，代表会议即说不轻，只得通过，与我无关。"②但是石达康、张宏庆根本不相信，于是有人喊口号："马云田老老实实的讲，不讲不行。"在贫农团有人高呼口号的时候，苗庆福要上台打马云田，主席团冯德功拦挡劝解，石达康即骂冯德功："你有什么资格挡人家，老百姓要打，你有什么权力挡老百姓？"冯只得垂头丧气挨骂。③马云田眼见不承认就无法过关，担心群众在这样的气氛中做出过激行动，只得被迫承认包庇地主富农的罪名，群众大会通过了贫农团提出的给予马云田留党三个月的处理意见。石达康对第二天的斗争会议还比较满意，但对该村旧干部警告说，不要以为斗争了马云田，其他旧干部就没事了，"过不去，一个一

---

① 《店区五乡（木头峪）工作组关于石达康同志的土改工作材料》，佳县档案馆馆藏档案，档案号（1-1-77）。

② 《店区五乡（木头峪）工作组关于石达康同志的土改工作材料》，《石达康同志的土改材料》，佳县档案馆馆藏档案，档案号（1-1-77）。

③ 《店区五乡（木头峪）工作组关于石达康同志的土改工作材料》，佳县档案馆馆藏档案，档案号（1-1-77）。

个过"。在总结大会上石达康把旧干部（骂）了一顿，会议就结束了。

石达康撤销了店区五乡指导员、木头峪村党支部书记苗从矩，乡长马云田，原村工会主任曹富堂职务后，他并未做深入调查，甚至没来得及评定成分，就将地主苗芳田、苗庆国、苗晋桢，富农张宗矩，中农张景辰等人关押，要求他们交出底财。苗芳田交出了2个银元宝，张宗矩什么也没交出，上贫农张问崇被迫拿出白洋30元以后，就哭着说这是不叫人活了。甚至贫农团把时任绥德专员公署公安处处长的刘子义①的母亲叫到会场，向她索要钱财。会后贫民团长马维相到刘子义家中，亲自上手开箱揭柜，拿了衣服三件，并穿上了其中一件。此时，木头峪村尚未评定成分，石达康除逼迫地主、富农交出底财外，还把中农、富裕中农、上贫农、破产地主等一大群人召集到一个大院里，这些人看到形势不利，有些人就不得不献出一些东西。"至此，群众议论粉粉（议论纷纷），全体不分阶级全恐慌起来。"②然而，对于这些斗出来的或者献出来的果实，石达康并未打算马上分配，土地问题也没有解决，五乡灾情严重，木头峪群众并未因石达康领导的土地改革而翻身，反倒是陷入恐慌之中。

二、土改纠偏政策与石达康应对之策

西北局义合会议后，陕甘宁边区各分区、各县纷纷召开会议传达义合会议精神。为了与在义合会议上受到批评的走了地富路线、"干部路线"的错误划清界限，各地负责人都争先恐后表现自己的革命性，以至于下级传达上一级会议精神时表现的比上级更加激进。干部们为了防止再犯右的错误，产生了"左"比右好，宁"左"勿右的想法，提出了"贫雇农打天下，坐天下""群众要怎么办，

---

① 刘子义原名苗从模（1910—1966），1927年6月加入中国共产党。1928年起任木头峪村党支部委员、支部书记，是佳县中共党组织的早期创建者，1933年发动了著名的"木头峪暴动"，新中国成立后任陕西省公安厅厅长、省委常委、省政法委书记等职。
② 《店区五乡（木头峪）工作组关于石达康同志的土改工作材料》，佳县档案馆馆藏档案，档案号（1-1-77）。

就怎么办"等"左"的口号。时任西北局书记的习仲勋在义合会议后的一份调查报告中写道：土改一到农村，就发生极左偏向。凡是动起来的地区，多去强调"贫雇农路线"，反对所谓"中农路线"，都是少数群众（不是真正的基本群众）起来乱斗、乱扣、乱打、乱没收财物，乱"扫地出门"。其中"最严重的是佳县，有好几个村庄，连贫农、中农的东西都一律没收。干部家属幸免于斗者很少。张达志家中也被斗，索要银洋。有的烈士家属也被扫地出门。佳县乱搞不到五天，竟一塌糊涂。"①习仲勋对陕甘宁边区各地过"左"的土改斗争始料未及，尤其是在基层进行实地调研后更加忧心忡忡，开始思索应对这一形势的办法。

陕甘宁边区各地土改中发生的过火现象也引起了党中央领导人的关注。当时毛泽东率中共中央前委正转战陕北佳县、米脂一带，中共中央驻地就在佳县神泉堡、米脂县杨家沟，毛泽东和其他中央领导人对当地土改情况不可能没有察觉。"在中共中央领导人当中，最早开始意识到土改工作出现了问题的，是政治局委员任弼时。"②他对各地纷乱的阶级评定标准产生了很大的疑虑，并致函毛泽东反映各地划分阶级问题上的过火现象。毛泽东听到各地出现越来越多土改过火的说法，并在驻地米脂县杨家沟村亲见群众吊打地主的场面，也开始对土改中的过"左"做法开始担忧，并积极思考解决的办法。

1947年12月25日至28日，中共中央在米脂杨家沟召开扩大会议，会议通过了毛泽东作的《目前形势和我们的任务》的报告，一方面肯定了土地改革的成绩，同时承认土改侵犯了中农的利益，破坏了工商业，踢开了党外人士，犯了"左"倾错误。会议要求除极少数罪大恶极分子之外，在土改运动中"必须坚持不多杀、不乱杀"的方针。十二月会议后，中央于1948年春开展土改纠偏工作，尤其重视中农成分被错划的问题，坚决禁止肉刑，避免死人事件发生。

十二月会议一结束习仲勋便回到西北局驻地，于1948年1月2日召集绥德

---

① 《习仲勋传》（上卷），中央文献出版社，2013年版，第537—538页。
② 杨奎松：《中华人民共和国建国史研究》（一），江西人民出版社，2009年版，第63页。

分区党、政、军、土改工作团干部 200 余人，传达毛泽东关于《目前形势和我们的任务》的报告，把干部思想统一到中央关于土改纠偏的精神上来。此后近半个月时间里，习仲勋分别到绥德、子洲检查土改工作，与各地领导座谈，在群众中调查访问，指导各地尽快开展土改纠偏工作。习仲勋、马明方在给绥德地委书记张邦英、佳县县委书记高峰的信中指出："凡错定成分，把中农错作富农斗争了的，必须彻底改正，一家也不要错了。"①绥德地委亦指出："去春以前土改中被当作地富斗争的中农，亦应平反其成分。"②同时指出，对地主也要分大中小与恶不恶，有的地主可以斗争，有的不必要斗争，要求以后斗争时一律不要打人，废止肉刑，绝对不能再死人。如有罪大恶极的恶霸地主和反革命分子，在群众的一致要求下可以斗争，但必须经土改指挥所慎重考虑，交县委审批后转交人民法庭审判。③对于被错斗的中农，不但要更正其成分，土地、财物要退回，干部"必须诚意的向他们公开承认错误"。④中央十二月会议毛泽东的报告为土改纠偏指明了方向。正如习仲勋于 1948 年 1 月 17 日在陕甘宁边区干部大会上指出的一样，毛泽东关于《目前形势和我们的任务》的报告非常重要，没有它，中国革命还可能走一些弯路；有了它，就会促成新民主主义革命更快的胜利。

纠偏就意味着原来的政策有偏差，要纠正错误，还要向错斗者道歉。因担心基层干部对党的土改纠偏政策在思想上想不通，绥德地委提醒各县县委一定要加强干部思想教育，广泛宣传土改纠偏政策。对于那些"以个人面子为第一，不愿改正错误的同志，应予严格批评和教育；而对于那些执意抗拒党的政策和上级指示的人，应撤换工作（职务）和给以一定的处分"。⑤应该说，绥德地委

---

① 《转发习、马书记关于土改工作给邦英高峰的信》，佳县档案馆馆藏档案，档案号（1-1-76）。
② 《对土改纠偏中若干大的问题处理的指示》，佳县档案馆馆藏档案，档案号（1-1-74）。
③ 《土改中的几个问题》，佳县档案馆馆藏档案，档案号（1-1-74）。
④ 《绥德地委关于具体纠正土改中错误偏向的指示》，佳县档案馆馆藏档案，档案号（1-1-74）。
⑤ 《绥德地委关于具体纠正土改中错误偏向的指示》，佳县档案馆馆藏档案，档案号（1-1-74）。

已经提前考虑到了有些干部对因执行上级党的政策而犯错误在思想上想不通，提前制定了预案，本着教育的宗旨，希望基层土改干部能理解党的政策，坚决纠正以前的"左"的偏向，重新核定成分，对错订成分者退还土地、财产，并真诚承认错误、道歉。

习仲勋在十二月会议后半个多月，马不停蹄在基层调研，听取干部、群众意见，连续三次给毛泽东写报告反映绥德地区土改工作情况，以实际行动贯彻毛泽东1月20日复电习仲勋"望坚决纠正'左'的偏向"的指导意见。只要各机关纠偏及时、领导得法，犯有"左"倾错误也能很快纠正过来，但佳县店区五乡木头峪土改工作组却按兵不动，继续按照原有的办法斗争旧干部、斗底财。

在12月25日十二月会议正式会议刚刚召开之际，佳县县委根据十二月会议正式会议前的准备会议精神，拟定了关于目前主要任务的指示的通知，开始土改纠偏工作的准备。佳县店区所在的南三区指挥所①于12月26日接到县委通知后当即发通知给所属各乡，并于1947年12月27和28日两天在指挥所驻地倍甘区黑水坑召开各乡工作组干部联席会。对于巩固内部、团结中农、评定成分、审查干部等问题都初步提出意见，"并指出组织不纯，以及个别地方强调斗干部、斗中农乃是不正确的。"②佳县紧邻米脂县，与中共中央驻地杨家沟只有50多公里路程，中央十二月会议土改纠偏的消息在会议召开期间就传到了佳县，佳县县委立即制定了初步纠偏方案。可以说县委的应对措施不仅是对中央精神的快速贯彻，也符合佳县干部、群众的热切期盼。

店区五乡工作组组长石达康参加了黑水坑会议，已经知道中央开始土改纠偏的消息，对于指挥所提出的个别地方强调斗干部的错误做法心知肚明，他知

---

① 佳县土改期间成立五个指挥所：南三区（螅区、倍甘区、店区）指挥所、乌神指挥所（乌区、神泉区）、城通指挥所（城关区、通区）、北三区指挥所（佳芦区、古木区、响石区）、北二区指挥所（开光区、车会区）。
② 《南三区土改工作报告（乡干部学习毛主席报告的情况）》，佳县档案馆馆藏档案，档案号（1-1-50）。

道这与自己斗争乡长马云田有关系，但会前会后并未有明显的转变，甚至对中央土改纠偏的消息密而不宣。去黑水坑参加指挥所召开的各乡工作组组长联席会前，石达康"布置叫新干部收集旧干部的材料，等我回来专门搞旧干部。"从黑水坑开会返回木头峪的当晚，"马（维相）和张越问政策是否转变，他说没有，地主还要搞，旧干部也要搞。"①虽然石达康对中央土改纠偏的消息严密封锁，但仍然要求工会、农会、贫农团按照原有安排继续斗争旧干部。但十二月会议土改纠偏的消息已经在佳县悄悄传开，工会主任张越就向石达康反映说，"旧干部说来，政策大转变，打一个人要西北局批"。石达康并未将指挥所黑水坑会议关于"斗争旧干部是不正确的"这一实情相告，反而对张越宽心说，"哪里有这些事，尽是旧干部造谣，你们好收集他们的材料"。②接着石达康对张越说你的私仇能报了，张越听后更加高兴，表现也更积极了。

因此，即使佳县县委在中共中央十二月会议期间已经制定了土改纠偏的初步政策，南三区指挥所也召开了各乡土改工作组组长联席会议传达县委通知精神，但店区五乡土改工作组组长石达康并未有明显转变，继续斗争旧干部。尤其对在外工作的干部、军属家庭普遍提升成分。如提升苗从矩家的成分为地主。苗从矩在土改前任店区五乡指导员、木头峪村党支部书记，其弟苗从模（即刘子义）是中共佳县南区党组织的最早建立者、木头峪暴动的领导者。但农会委员张宏庆因苗从矩曾派他去抬担架，对苗从矩有私人意见。土改一开始，石达康就提出先斗旧干部、再斗地富的口号，因而对身为五乡指导员的苗从矩有成见，认为旧干部不可靠，要一律靠边站。因此，即使已经知道南三区指挥所关于"对旧干部采取深恶痛绝的态度也是不正确的"③观点，仍然不改其斗争旧干

---

① 《店区五乡（木头峪）工作组关于石达康同志的土改工作材料》，佳县档案馆馆藏档案，档案号（1-1-77）。

② 《店区五乡（木头峪）工作组关于石达康同志的土改工作材料》，佳县档案馆馆藏档案，档案号（1-1-77）。

③ 《南三区土改工作报告（乡干部学习毛主席报告的情况）》，佳县档案馆馆藏档案，档案号（1-1-50）。

部的工作方法，任意提升其家庭成分。

苗从矩家有23口人，有自地55垧，自种36垧，出租19垧。之所以出租部分土地，是因为刘子义等7人在边区各级政府工作，脱离生产人数多导致劳动力不足而出租土地。若按照边区待耕办法每人待耕2垧土地执行的话，则苗家出租的19垧土地大部分可由村民待耕。因此，按照中共阶级成分划分办法，苗从矩家人均2.4垧土地，仅能达到该地中农的标准。但是，"未经任何会议，（石达康）和张（宏庆）就私定（苗从矩）为地主"，①并对张宏庆、张越、马维相等说刘子义犯了错误，给苗从矩家定地主不会引起问题。

对参加革命工作、曾任佳县县委组织部部长张愈敏的成分，群众认为应该定中农，但石达康将其家庭待耕地收入也折为剥削收入，群众搞不懂政策，只得听他说定为富农。定成分期间，石达康"尽听某人言语和谁有意见，谁谁的成分就定的高"。②按照张越、马维相、张胜庆、张宏庆等积极分子的意见，只要他们对谁有意见或者有私仇，其家庭成分都会不经任何会议讨论而提升，完全不执行十二月会议的土改纠偏新精神。

三、木头峪群众"赴县请愿"事件始末

木头峪村行政主任苗玉升虽未被斗争，但按照石达康旧干部靠边站的原则被解除了职务，而且在支差时受到了特殊对待，连续派他去支差送公粮三四次。贫农团团长马维相这时就说："他们从前派咱们，现在把他们也派上几次。"③苗玉升虽未公开表示不同意见，但"苗已把斗争马云田和斗争过左的情况报告区

---

① 《店区五乡（木头峪）工作组关于石达康同志的土改工作材料》，佳县档案馆馆藏档案，档案号（1-1-77）。

② 《南三区土改工作报告（乡干部学习毛主席报告的情况）》，佳县档案馆馆藏档案，档案号（1-1-50）。

③ 《店区五乡（木头峪）工作组关于石达康同志的土改工作材料》，佳县档案馆馆藏档案，档案号（1-1-77）。

委,区委转到县委去了。"①佳县县委接到区委转交的关于店区五乡工作组过"左"的反映后,写信调动石达康回县,并由保安科科长白布华接替石达康在五乡做土改工作。白布华到木头峪将县委写给石达康的信交其本人,并准备接交工作。但石达康看到调他回县委的信后,不但不按照组织意见办理,反而追问白布华是谁向县委告状的。白布华告诉他说,这是组织调动,他也不了解具体情况。但石达康暗自断定,肯定是木头峪旧干部向县委写的"黑报告"。当晚,石达康召开贫农团、工会、农会人员开会,再次追问白布华。开会的时候,石达康不允许参加了农会的旧干部到会,并向参会人员说,这次土改要走群众路线,就是群众说了算,群众说斗谁就斗谁。要是县长犯了错误也要斗争。张越、张宏庆等为石达康被调走的事情鸣不平,他们表示石达康是为咱群众,领导咱翻身,旧干部看见咱要翻身就又要往下压,咱不行上县请愿,咱们跟上老石,要调老石,咱就不回来。石达康向与会人员说,"你们群众给我撑腰,我给你们撑腰,县长作的不对也可以斗。"石达康的心腹于是喊着口号说,"石同志真真叫我们翻了身","石同志要死,我们一道死","石达康是领导群众唯一无二的领袖,打垮旧干部,要斗黑县长②等。"③会后,马维相给一、二、三行政贫民团、农会通知明日清晨来木头峪集中开会。

1948年2月上旬的一个清晨,木头峪贫农团集合群众在村中心广场的戏楼前集会,准备徒步前往佳县县城。一行政只有木头峪一个村庄,其贫农团、工会、农会都和张越、马维相、张胜庆、张宏庆等私人关系好,尤其以张姓人家居多,而曹姓虽原有一人在农会,但后来被石达康开除。因此,一行政的人知道到县城去的是要为石达康被调回之事请愿,而且他们的利益与石达康休戚与共,对请愿一事非常积极。但二、三行政的贫农团及农会的人员并不明白为何

---

① 《店区五乡(木头峪)工作组关于石达康同志的土改工作材料》,佳县档案馆馆藏档案,档案号(1-1-77)。

② 即时任佳县副县长黑长荣。

③ 《店区五乡(木头峪)工作组关于石达康同志的土改工作材料》,佳县档案馆馆藏档案,档案号(1-1-77)。

要去县城，而是盲目跟上石达康往佳县县城跑。到了南河底村时，石达康才给二、三行政人员说明去县城的原因，这时二、三行政不愿去的人很多，要求回去，但张越他们说不行，你们不去人太少，非去不行，这些不愿意去的群众也没有办法，只得随大流跟上去县城。到县城后，选出张宏庆为代表和县委、县政府派出的代表进行谈判，但张宏庆只是强调石达康不能离开木头峪，也说不出什么理由，其他人也没有人发言，也没有人再高喊"打倒黑县长"的口号。因此，对赴县请愿事件，"石达康很不满意，那些来的人也不满意，要张讲话，要李讲话，结果解释了一顿就回去了"①。

虽然石达康并未实现通过鼓动群众到县城请愿达到让县委收回调其回县的愿望，但他返回木头峪后拒绝执行县委命令，仍继续在木头峪领导土改工作。而且他的心腹张宏庆回来对群众说这次请愿行动完全胜利了，他斗争黑县长是有道理的，而且黑县长也当场承认错误，石达康说得闫秘书②一句也不言语。同时，石达康向群众表示，他十分赞许这次群众的"革命"行动，认为这样的群众才是"真正的贫雇农啊！""他们是真正起来啦！真是敢讲话啦"。他还向群众表示，他们在县城追问出了向县委打报告人员，要在大会上对打报告人进行斗争。

对石达康在木头峪进行的过"左"斗争，南三区指挥所认为：木头峪工作组石达康同志在工作中把斗争旧干部放到开端，说这是启发群众的契机，并且让地主富农以及政治嫌疑分子参加会，打了干部。"石同志对这个问题缺乏深刻检讨，并且强调说这是县上干部有错误，是路线错误"。对石达康利用贫农团鼓动群众上县请愿一事，负责南三区土改工作的指挥所副主任、边区工作团干部张若萍在1948年2月25日（农历正月十六日）的南三区工作组干部会议上愤怒地指出，"古今中外（有）听到农民暴动向共产党请愿的吗？"③南三区指挥所认为石达康

---

① 《石达康同志的土改材料》，佳县档案馆馆藏档案，档案号（1-1-77）。

② 即县委秘书闫学浩。

③ 《南三区土地改革指挥所（古历一月十六日）会议记录》，佳县档案馆馆藏档案，档案号（1-1-67）。

已经走上与党对立的道路，这"正是说明了石达康反党思想，想离开党称个人英雄，玩弄群众运动的具体表现。"同时指出，木头峪贫农团及农会领导人越是听从于石达康，"则将来给党的损失，给木头峪的损失也越大，这是可以预料的"①。南三区土改指挥所对石达康斗争打伤旧干部及带群众上县城请愿的错误行为进行了严肃批评，指出"这是石同志严重的思想毛病，是不相信领导，是对党的不满，是个（人）英雄主义的表现"②。面对南三区指挥所的批评，石达康并未从思想上接受，南三区指挥所在1948年1月的工作报告中虽然委婉地指出，"经过大家帮助，（石达康）稍微有些反省之意"，但"尚未接受批评"。③

而且直到此时，石达康仍未认识到自己鼓动群众到县城请愿事件的错误的严重性，而且也拒不接受县委调其回县的决定。这时，南三区指挥所抽调石达康到黑水坑开会，他心中有鬼，假装有病不去。南三区指挥所负责人张若萍写信给他，还是不去，于是张若萍派专人连夜到木头峪来送信，但石达康还是没有动身。在送走送信人之后，石达康去三行政村定成分，群众认为该村行政主任家应该定为中农，贫民团长高发明和木头峪支部委员任守家给石达康解释说，该村行政主任以前自己种地，因为做行政主任工作占用劳动时间才雇短工，但石达康却认为高发明等包庇旧干部，最后强行定为富裕中农。苗从矩从乔家寨回来，他还在乔家寨种地，而且已在乔家寨定为中农，但回来看了一次成分榜发现他家被定为地主，便去找石达康和贫民团理论。"这时，石已知道自己的事发生了"，便让张越告诉苗从矩家的成分是群众定的。苗从矩要求当晚开会研究他家的成分问题，结果与会群众认为苗从矩家的成分应该定成中农，石达康见无法再将责任推卸给群众，勉强将苗从矩家的成分从地主改为中农，同时将被

---

① 《南三区土改工作报告（乡干部学习毛主席报告的情况）》，佳县档案馆馆藏档案，档案号（1-1-50）。

② 《南三区土改工作报告（乡干部学习毛主席报告的情况）》，佳县档案馆馆藏档案，档案号（1-1-50）。

③ 《南三区土改工作报告（乡干部学习毛主席报告的情况）》，佳县档案馆馆藏档案，档案号（1-1-50）。

开除出农会的曹姓人家重新收进农会。

过了几天,刘子义回到木头峪,召开了一个党员、贫民团、工会、农会联席会,宣布了中央土改政策的转变,向群众讲明原来斗争干部、提升成分都是党在探索土改中走的一段弯路,十二月会议毛主席讲话后,中央的土改政策开始转变为纠正原来出现的偏向,要依靠真正的贫雇农、团结中农、禁止肉刑,并着重讲了木头峪土改中的错误。这次会议之后,木头峪群众才真正清楚了党的土改政策发生了变化,了解了中央新的土改精神。听后,大部分农会和贫民团人员,以及全乡人都很欣喜土改政策的转变,而只有为报私仇的张越、马维相及石达康心腹们灰心丧气。

1948年2月17日,张若萍亲自来到了木头峪,给石达康带了一封信,说是西北局调石达康回去。看信后,石达康虽然还是心有不甘,和张若萍吵了一架,但也不得不接受西北局调其回去的事实。张若萍要求他第二天天亮就动身返回西北局,但是石达康不同意。他想拖延时间,借机对其心腹交代后事,结果他又被允许住一天。这一天他找马维相、张越等人谈话,让他们把鼓动群众赴县请愿事件的责任推给贫民团、农会,还给张越撑腰,叫张越决心报仇。同时,他还对自己的心腹表示,"不要怕,我回去也没有什么问题,他有来言我有去语。" 2月18日临走的时候,他又活动张越、马维相给他自己送个旗子,走时还有人给送麦子五六升,用了两个毛驴送到坑镇。在石达康的鼓动下,张越非要对苗思周报私仇不可,苗思周虽然已经被贫农团释放,但不敢回家。石达康调离木头峪后,店区五乡工作组成员高北厚在南三区土改指挥所会议上表示,让他接着做好木头峪的工作他是没办法的,因为干部并不听他的话,"一行政的干部(在)石达康走后不想负责",尤其是张志亮,叫他开会他不去,"这个农会主任不换的话,成问题。"①石达康虽然调走,但对木头峪土改纠偏工作的推进依然有一定阻力。

---

① 《南三区土地改革指挥所(古历正月廿七日)会议记录》,佳县档案馆馆藏档案,档案号(1-1-67)。

四、作为国家代理人的工作组与"理性人"身份的工作组干部

组织工作组下乡指导工作是中共经常使用的一种工作方式。正如徐进所指出,通过派工作组下乡的方式,中共"希望借此加强上层和下层之间的联系和沟通,以达到中共政权上下级之间如身使臂如臂使指的效果"。①尤其是解放战争时期,中共土地政策历经多次变化,不仅一般农民难以搞懂共产党的土改政策,就连乡村干部,乃至区县级干部也难以掌握其要旨。而解放区的土地改革是中国共产党实现土地制度变革以动员农民,继而实现乡村控制、增进政治合法性的重要途径,是事关中共革命成功与否的重要因素。因此,1947年10月《中国土地法大纲》公布后,为领导各解放区土改工作按照党的要求顺利推进,将党的土地政策深入贯彻到每一个村庄,真正实现农民翻身,组织土改工作组深入乡村,这成为中共土地改革运动的关键环节。

关于工作组的身份特征,李里峰认为,工作组作为国家与乡村社会之间的一种新型中介机制,即"国家意志代理人"的身份。同时,李里峰认为土改工作组成员由三类人构成,其中,"(成员)来自党政官僚系统内部,是党和国家意志的忠实代表"。②中共派工作组下乡,就是为了将党的政策真正贯彻到基层,减小传统社会中的地方政治精英对基层乡村的影响力,其国家代理人的身份毋庸置疑。然而,工作组成员尤其是主要负责人也是活生生的个人,倘若忽视工作组干部作为有利益诉求的个人因素,即理性人身份的特征,则无法解释佳县木头峪土改工作组组长石达康鼓动村民到县城请愿事件。

按理说,石达康作为工作组的组长,是中共政策在地方的代理人,理应将

---

① 徐进:《论1947—1948年华北土改中的工作团和贫民团——以晋察冀为中心的考察》,《开放时代》2011年第6期。

② 李里峰:《工作队:一种国家权力的非常规运作机制》,《江苏社会科学》2010年第3期。

党的政策无条件在基层贯彻。但石达康却没能很好地作为地充当中共土改政策在佳县店区五乡的代理人，而反其道行之，鼓动群众到佳县县城请愿，高喊口号要打倒县长。如何理解这一反常事件？工作组作为国家利益代理人和工作组干部作为理性人的身份特征，或许是解释这一现象的视角之一。

之所以鼓动木头峪群众到佳县县城请愿，以群众之名义为自己鸣不平，向县委县政府施加压力，正是因为他认为自己坚定执行了党的土改政策，是党的利益在基层的代理人。1947年10月10日，中共中央发布《中国土地法大纲》，明确了没收地主土地、征收富农长余土地，以乡为单位按人口平均分配的土地改革政策。1947年11月1日，中共西北中央局在绥德县义合镇召开会议，由参加了全国土地会议的西北局宣传部长李卓然传达中央土地会议和《中国土地法大纲》精神。佳县县委书记张俊贤参加完西北局义合会议后，于1947年12月初召开了佳县县、区、乡三级干部会议。为了与以前照顾地主、富农的错误路线划清界限，各地负责人都争先恐后表现自己的革命性，以至于下级传达上一级会议精神时表现的比上级更加激进。

义合会议上，西北局否定了陕甘宁边区1946年冬实行的土地征购政策，认为当时走了地主富农路线和旧干部路线。因此，西北局号召抛弃旧圈子，走贫雇农路线。干部们为了防止再犯右的错误，产生了"左"比右好，宁"左"勿右的想法。康生、陈伯达在晋绥土改中提出的"贫雇农打天下，坐天下""群众要怎么办，就怎么办"等"左"的做法也被推广到了陕北。

西北局义合会议"精神传达后，在各分区、县自然照样召开会议，进行更为紧张的动员鼓动"。①义合会议后，陕甘宁边区各县迅速开展没收地主土地、将地主扫地出门，以至开全乡群众大会斗争地主、斗争干部轰轰烈烈的群众运动。因佳县与晋绥分区临县仅一河之隔，两岸群众往来密切，晋绥分区"村村点火、户户冒烟"的轰轰烈烈的土改斗争盛况很快就影响了佳县，因此"在西北地区

---

① 杨奎松：《中华人民共和国建国史研究》（一），江西人民出版社，2009年版，第62—63页。

这时闹得最严重的是佳县"①。佳县县委提出了"农民的事要农民自己办，自己想怎么办就怎么办？"②提出工作组下乡后要抛开旧圈子（以前的党员和农会干部），专找最穷的人组织贫农团，对地主开展无情斗争，以显示革命性。

石达康任店区五乡土改工作组组长，在地主集中的木头峪村开展土改试点，一入村便抛开旧圈子，专找村中最穷的人。入村伊始便停止了原乡指导员苗从矩和乡长马云田的职务，解散原来的贫农团，寻找村中最穷的人，启发他们的阶级觉悟，并以世代揽工为生的贫雇农和水手工人组成了木头峪村新的权力机关：工农联合贫农团的团长马维祥是水手，副团长张盛庆揽工十年；工会主任张铖世代都是工人；农会主任张志良是贫农。毫无疑问，石达康此举贯彻了西北局义合会议和佳县三级会议的基本精神。对于地主，农民愿意怎么斗争就怎么斗争，对农村基层干部，农民想怎么处理就怎么处理。石达康在木头峪斗争地主苗芳田、田培英，并按照群众想怎么办就怎么办的原则开展斗争。石达康在木头峪村领导贫农团开展了轰轰烈烈的土改斗争，"成绩显著"，忠实执行了中共西北局义合会议和佳县三级干部会议精神。因此，当1947年中共十二月会议土改政策调整后，石达康认为自己作为中共土改政策在木头峪村的执行人，即使在工作中犯了错误，也是因为执行了佳县县委的三级干部会议精神，所以错误的责任在于佳县县委，而不是自己。

如果仅仅从土改工作组国家政策代理人的身份来分析，石达康对自己的辩解似乎也不无道理，但却难以解释此后石达康鼓动群众到县城请愿事件。作为党的干部，必须无条件执行党的政策，这是党的纪律要求。作为国家意志在村庄的代理人，工作组干部必须坚决执行中共的土改政策。当中共土改政策在十二月会议后调整为纠偏之后，作为佳县店区五乡土改工作组组长的石达康有义务执行新的土改政策，重新核定成分，向错斗者道歉、退还斗争果实。况且，"左"倾严重并不是石达康一个人犯的错误。

---

① 杨奎松：《中华人民共和国建国史研究》（一），江西人民出版社，2009年版，第62—63页。
② 《南三区土地工作报告》，佳县档案馆馆藏档案，档案号（1-1-79）。

如何认识土改中的"左"倾问题呢？毛泽东1948年4月2日在《晋绥日报》社与该报编辑人员的谈话中指出，"过去的工作有成绩，但也有缺点，主要是'左'的偏向"。而之所以发生"左"的偏向，毛泽东认为"是大家没有经验"。"主要是把弓弦拉得太紧了。拉得太紧，弓弦就会断。"①毛泽东以革命乐观主义精神认为，土改中的"左"的偏向"无论多么严重，都还是一种积极的、战斗的、向前进攻的阶级革命的精神"。同时毛泽东始终相信矫枉难免过正，因此对"过正"的情况就显得格外宽容。②即使土改中干部、群众犯了"左"的错误，只要纠正了偏向，就不能泼冷水。

土改纠偏中，佳县县委对于因执行政策而发生"左"的偏向的干部也是本着教育的原则，召开会议统一干部思想到中央新的土改精神上来，并未因此不分青红皂白直接追究责任。1948年1月5日，佳县南三区土改指挥所在黑水坑召开各乡工作组干部联席会，传达中央新精神，各区分头研究报告精神以及会后工作的办法。会议认为，工作组从县上一下乡，即抓着"宁左勿右"的思想，现在看来是不适当的，而且指挥所的领导上也同样存在着宁左勿右的思想。③由"宁左勿右"思想导致的"左"的偏向并不是某一个干部的错误，而是中共西北局义合会议和佳县三级干部会议后的普遍现象。因此，犯错误的不止是石达康个人，也不是南三区指挥所的领导，更不是因为佳县县委的指导错误，而是中共土地改革在探索中走了一段弯路。然而，"石（达康）同志对这个问题缺乏深刻检讨，并且强调说这是县上干部有错误"。④因而，对于中央新的土改精神拒不接受，也不愿意就此向木头峪被错斗的群众承认错误，相反鼓动群众到县城为其请愿，向县政权施加压力。这显然违背了中共土改纠偏的精神，没有把过"左"的土改工作转入正轨，反而将群众引入对抗政府的歧途。

之所以发生鼓动群众到县城请愿事件，是石达康在中共政策转变关头，担

---

① 《毛泽东选集》第四卷，人民出版社，1991年版，第1318页。
② 杨奎松：《中华人民共和国建国史研究》（一），江西人民出版社，2009年版，第95页。
③ 《南三区土改工作总结》，佳县档案馆馆藏档案，档案号（1-1-79）。
④ 《南三区土改工作总结》，佳县档案馆馆藏档案，档案号（1-1-79）。

心自己受到处理。鉴于历次中共纠偏的教训,工作组有时会在工作执行过程中出现一些问题需要进行调整改进,工作组干部遭到撤换甚至受到处分都是大概率事件。石达康担心自己也会成为土改纠偏中的斗争对象,因而利用占有的资源保护自己,用群众的支持来向县委、县政府施压。

作为工作组组长,石达康所能掌握的资源就是木头峪村的贫农团、农会成员和在土改中得到实际利益的一般群众。在开展斗争地主的同时,石达康想办法恢复了因战争而暂停的与对面山西临县的黄河渡口贸易,让村庄以依靠做水手工人维生者获得了基本的生存手段。贫苦群众分得了土地,在经济上翻了身,自然会从心里感谢共产党的土改政策和执行土改政策的工作组干部。因此,他们能够参加县城请愿事件,也不能简单地说是被石达康所利用。至于贫农团成员,尤其是主要负责人,他们的权力是工作组组长石达康所授予,与传统乡村社会中的村庄领袖阶层相比较,他们世代贫穷,没有文化,不具备传统乡村领袖阶层所拥有的经济资本、文化资本、社会资本和象征资本,也不拥有"能力型"阶层所拥有的声望和特殊能力。① 因而,贫农团成员与工作组主要负责人的命运息息相关。当石达康鼓动群众到县城请愿时,贫农团主要负责人高呼口号,把石达康当作木头峪群众翻身的英雄,对县委批评石达康的做法施加压力,希望借此能减轻对工作组组长的处理。

这里需要说明的是,贫农团领导群众到佳县县委请愿的行为,并非纯粹受石达康单方面鼓动,也并不能因此认为贫农团完全是受了石达康的蒙蔽和利用。因为,木头峪贫农团的权力虽然来源于工作组的授权,二者的关系并非支配与服从、主动和被动的单向关系,贫农团并非遇事毫无见解,完全受工作组组长石达康摆布。实际上,木头峪贫农团鼓动群众到县城请愿,一方面是响应石达康,一方面是贫农团为维护自己在村庄既有权力的主动行为。因为一旦石达康被调离木头峪村,贫农团、农会领导人的地位将难以保障。他们意识到了中共土改政策的转变对自己地位的影响,因而与石达康一道采取主动行为,想以此

---

① 梁桂萍:《华北乡村民众视野中的社会分层及其变动(1901—1949)》,人民出版社,2010年版,第161、162页。

给佳县县委、县政府施加压力,让石达康继续在木头峪工作从而也保留自己的职位和既得利益。

所以,木头峪贫农团、农会成员是石达康依靠的坚定力量,一般群众也是抱着朴素的报恩思想,在不了解党的政策的前提下参加了到县城请愿的行动。石达康也正是看到他的"群众基础",才敢利用群众的名义向县委请愿。事实上,佳县县委也顾虑到了石达康与群众的关系,请愿事件虽被定性为反党个人主义行为,但却顾虑石达康与木头峪群众不正常的"亲密"感情,认为"目前调出(石达康)尚有困难",①并没有对石达康采取严厉的处罚措施,甚至没有马上将其调离,而是派人先去做群众工作,宣传党的土改纠偏政策之后,才调离了石达康,开始纠偏工作。

土改工作组是国家在村庄的代理人,工作组干部在执行国家政策时难免会夹杂有个人利益,难免会出现国家利益和个人利益紧张的情况。当国家利益与个人利益发生冲突时,他们会顾全国家利益而牺牲个人利益,弥补党和国家制定的政策偏差,这是大多数土改工作组干部的正常表现。当然,个别工作组干部也会从经济理性出发,发生为保护个人利益而违背国家利益的反常行为。

五、干部群众的多维关系

1947年10月《中国土地法大纲》公布后,为领导各解放区土改工作按照党的要求顺利推进,将党的土地政策深入贯彻到基层乡村,真正实现农民翻身,组织工作组深入乡村成为中共土地改革运动的关键环节。李里峰认为,工作组作为国家与乡村社会之间的一种新型中介机制,具有"国家意志代理人"的身份特征。尤其是工作组中"来自党政官僚系统内部,是党和国家意志的忠实代表"。②当然,土改工作组要深入农村开展工作,不可避免要与所属县区党政组织系统、

---

① 《南三区土改工作报告(乡干部学习毛主席报告的情况)》,佳县档案馆馆藏档案,档案号(1-1-50)。
② 李里峰:《工作队:一种国家权力的非常规运作机制》,《江苏社会科学》2010年第3期。

所在乡村基层干部以及普通群众打交道，作为外来的工作组干部与本地党政干部、基层政治精英、群众积极分子和普通群众之间关系的好坏成为影响土改工作组能否顺利推进的重要因素。石达康鼓动木头峪群众"赴县请愿事件"以及县委对此事件的处理，为探讨解放战争时期陕甘宁边区土改期间工作组干部与群众之间的关系也提供了一个有趣的视角。

1. "赴县请愿"事件的发生暗含了外来工作组干部与本地干部之间紧张的关系

派工作组下乡，就是为了将党的政策直接贯彻到基层，减小传统社会中的地方政治精英对基层乡村的影响力。因此，李里峰认为，工作队在村庄拥有至高无上的权力，甚至可以借助群众的力量改组或解散这些组织。佳县县委在土改期间成立了县农会临时委员会，下设五个指挥所，其中木头峪工作组隶属于南三区指挥所。在管理体系上，各乡工作组直接受各个指挥所领导，各个指挥所直接受县农会临时委员会领导，土改工作团完全不受各区委、区乡节制。这种制度性规定就为土改工作组与所在区乡党委和政府之间的紧张关系埋下种子。因此，石达康到店区五乡工作伊始，便撤销了五乡指导员、木头峪村党支部书记苗从矩和乡长马云田的职务，还要把店区区委书记秦书耀从县里要回来进行斗争，最后发展到极端，就发生了赴县请愿事件。土改工作组干部与本地党政管理系统干部之间的紧张关系，与这种制度性规定有相当大的关系。因此，在土改纠偏阶段，佳县县委在撤换了一批不合格的土改工作组干部后，选派了一些懂政策、基层工作经验丰富的本地干部开展纠偏工作，同时规定下乡纠偏的县级干部和工作组干部都要参加所在乡党的组织生活，受乡党委和政府的领导，有效解决了土改工作组与本区乡党和政府之间两张皮的窘境。

2. 石达康对待处理"赴县请愿"事件中的干部态度揭示了外来土改工作组干部与本地组织和上级组织之间的微妙关系

李里峰认为，土改工作组干部的来源有三类，一类是各级群众机构的干部，一类是已完成土改的基层干部和积极分子,一类是事业单位、民主团体的知识分子。①这种分法大致不错,其中第一类土改工作组干部又包含来自于上级党政军组织的干部,来自于本地县、区、乡级干部。来自于本地的干部对于县委、县政府及区委、区政府的指令执行较好,而来自于上级党政军组织的土改干部自认为其权力来自于上级派出单位,因而对本地党政组织的指令执行有时会打折扣。在县委接到木头峪行政主任关于店区五乡土改工作组斗争干部及其过"左"做法的消息后,写信给石达康调其回县汇报工作,但石达康接信后拒不执行,对于后来指挥所调其开会的指令也不认真执行。贫农团团长马维相曾经到刘子义家拿衣服穿,石达康未阻拦还说刘子义犯了错误。当刘子义回到木头峪召开党员、工会、农会及工作组干部联席会议传达中央十二月会议新精神的时候,石达康没有强行拒绝召开会议,也没有与刘子义对抗,也没有与刘子义对抗之类的事件发生,这说明石达康在对待本地干部和上级党政管理部门干部上存在差异性。

3. "赴县请愿"事件也反映了土改工作组干部与乡村积极分子之间利益休戚与共的关系

义合会议传达了中央土地会议精神后,下乡的工作组干部到村后首先寻找村庄穿的最烂、住的最差的人谈话,以他们为核心组成贫农团,成为工作组主要的依靠力量。木头峪的马维相、张宏庆就是典型的二流子,大力支持张越以土改报私仇的想法,即使在调离木头峪当天还鼓励张越要报私仇。这些积极分子的权力来自于工作组组长的授予,从以往乡村生活的边缘进入权力的核心,自然对工作组组长言听计从。在石达康自认受到县委、县政府的不公正待遇后积极组织群众上县请愿,替石达康鸣不平,希望以群众的压力使县委、县政府收回调离石达康的命令。

---

① 李里峰:《工作队:一种国家权力的非常规运作机制》,《江苏社会科学》2010年第3期。

4. "赴县请愿"事件中的群众态度是石达康未真正贯彻群众路线的必然反映

中共土地改革的目的就是通过实现"耕者有其田",动员群众,改造乡村社会权力结构,从而实现中共对基层社会的有效控制。土改工作组干部是党和国家权力在乡村社会的代理人,应该是农民翻身的有力支持者和领导者。虽然陕甘宁边区土地改革在义合会议后发生了"左"的偏向,走了一段弯路,但西北局和中共中央很快发现了问题,并在米脂杨家沟召开中央扩大会议时予以纠正,为土改的顺利推进指明了方向。应该说,像石达康一样,当时很多土改工作组干部都犯了类似的错误,但正如毛泽东所说,只要领导机关处理得法,很快就能改正过来。但石达康在南三区指挥所参加中央新精神传达后,不但不向群众宣传新精神,仍坚持其错误做法,甚至发生极端的鼓动群众请愿事件。木头峪土改中,一般群众对石达康重用二流子、斗争干部、提升成分等做法感到恐慌,但慑于工作组干部的权力,敢怒而不敢言。在上县请愿事件中,大部分一般群众并非真心,而是被石达康工作组和张越、马维相等积极分子所裹挟。石达康坚持认为自己下乡后走的是"群众路线",但他所依靠的"群众"并非基本群众,而是一少部分企图趁乱谋私利、报私仇的投机分子。因此,是否真正走群众路线是工作能否顺利推进的重要因素。那些以群众路线为幌子来实现私人利益的干部,是无法代表真正的群众,而真正的群众即使不能公开反对,也会以"弱者的武器",如出工不出力、打小报告来对抗。在石达康鼓动群众到佳县县城后,并没有出现他想象中的轰轰烈烈的斗争县长的群众运动,群众无人喊口号,也无人与县委、县政府代表论战。

综上所述,石达康鼓动群众"赴县请愿事件"的发生虽是一个极端事件,但并非偶然,从中透射出中共派工作组到基层开展工作时,工作组与本地党政组织之间的微妙关系。

解放战争时期陕甘宁边区土改中的"变天"谣言及应对

——以佳县为中心的考察

中国近代革命的主力军是农民,实现"耕者有其田"是农民最大的心愿,满足农民对土地所有权的要求,是领导农民革命的关键因素,中国共产党领导农民为实现农民土地所有权而开展土地革命、土地改革是新民主主义革命胜利的重要因素之一。近年来关于中共革命与谣言应对的研究主要聚焦于西安事变等重大突发事件,对解放战争时期的土地改革研究大多集中在土改纠偏、工作队、农民动员等方面,较少关注土改中的谣言及中共对谣言的应对。①本文拟利用佳

---

① 杨东:《疯狂的谣言:西安事变期间的谣言及其变量》,《党史研究与教学》2017 年第 5 期;杨东:《西安事变后中共对相关谣言的应对》,《党的文献》2017 年第 5 期;李里峰:《工作队:一种国家权力的非常规运作机制》,《江苏社会科学》2010 年第 3 期;李里峰:《华北"土改"运动中的贫农团》,《福建论坛》2006 年第 9 期;徐进:《论 1947—1948 年华北土改中的工作团和贫农团——以晋察冀为中心的考察》,《开放时代》2011 年第 6 期;刘晶芳:《习仲勋与陕甘宁边区的土地改革》,《党史研究与教学》2020 年第 3 期;张亚玲:《抗战时期陕甘宁边区的谣言及其治理研究(1937—1945)》,贵州师范大学 2021 年硕士论文。

县档案馆馆藏的解放战争时期绥德地委、佳县县委往来文书档案，对陕甘宁边区佳县土改中的谣言进行一些梳理。

一、谣言在基层传播

抗日战争胜利前夕，习仲勋1945年7月8日在绥德分区干部会议上的讲话中就曾指出过分区内有人在传播"变天"谣言——"我来警区后，一些老先生对我说：'群众中传说的很多，说中共要走，要离开边区，由二十二军来接防'。这种传说很明显的是一种恶毒的谣言，但却普遍的存在群众心里，还有些群众（主要是地主阶级）盼望着国民党来"。除国民党特务分子专门制造谣言向解放区散布，边区内也有个别地主在造谣、传谣，甚至向解放区基层政权发起进攻。"日本投降后，有的地主竟然提出'土地复员'的口号，要求归地。在安塞延安等地，公开收回土地，抢夺树木，抗交公粮，制造谣言，恐吓群众，打击区乡干部。个别地主和特务通气，准备等时机到来举行暴动。"①虽然习仲勋没有明确将这种谣言称为"变天"，但谣言中"变天"的指向已经十分明确。而且边区群众中也有一些人认识糊涂，对共产党能不能长期在边区执政存有疑虑，从而在内心担心到底会不会"变天"。在这份较早提到"变天"谣言的资料中，也明白无误地指出制造"变天"谣言的主要是国民党特务分子和解放区个别地主。

抗战胜利后，中国共产党发出了《关于土地问题的指示》，通过反奸清算等方式以部分实现农民土地所有权。1946年秋冬，佳县等陕甘宁边区老区开展了"和平土改"，征购地主富农超过中农平均水平的土地，由缺地少地的贫雇农承购。部分地主在土地被征购后不愿拿出土地契约，亦对"变天"存有幻想。"很多地主还有变天思想，表现在不愿拿出老约。同时献地献价，等待变天。"②地

---

① 《习仲勋同志七月八日在分区干部会议上的报告》（1945年），佳县档案馆馆藏档案，档案号（1-1-27）。

② 《吴部长报告土地问题》（1947年），佳县档案馆馆藏档案，档案号（1-1-27）。

主在"和平土改"中不愿失去土地，但也无力对抗，于是给自己留了一手——土地可以被征购，但土地契约不愿意交出，留下变天账。

1947年10月10日《中国土地法大纲》颁布，明确了实行耕者有其田的土地制度，这是彻底废除封建性及半封建性剥削土地制度的纲领性文件。地主是土地改革的主要对象，《中国土地法大纲》明确规定要"废除一切地主的土地所有权"。地主阶级的土地要没收，以乡为单位按照人口平均分配，地主及其家庭也可以按照当地中农的标准分得土地；富农采用封建剥削方式出租的土地也要征收，自己耕种的土地可以保留。因此，地主和旧富农在土地改革中属于既得利益受损群体，原先在乡村社会中的地位也会受到冲击，对于土地改革在一定程度上会产生不满情绪。但在解放区已经建立中共基层政权的背景下，这些既得利益受损者没法采取直接方式去抵抗土地改革，于是采用"弱者的武器"——"此类斗争的大多数形式避免了公开的集体反抗的风险。在此我能想到的这些相对的弱势群体的日常武器有：偷懒、装糊涂、开小差、假装顺从、偷盗、装傻卖呆、诽谤、纵火、暗中破坏等等"①。在中国传统乡土社会中长期处于经济富庶、有社会威望地位的地主和旧富农，在解放区土地改革的洪流中无法借助其旧有的依靠力量挽救其命运，于是在内心中寄希望于"变天"——有朝一日国民党军队重新打回解放区，夺回他们失去的一切。

佳县地处红白交界地区，其北部与国民党政权统治下的榆林犬牙交错，佳北边界地带国共双方常发生摩擦。1947年下半年刘邓大军千里跃进大别山时，西北野战军作为战略配合曾两次攻打榆林城，以达到牵制胡宗南军队的目的。这两次未能攻破榆林城让国民党地方官员及其追随者极为兴奋，解放区不少恶霸地主逃到了榆林城，让一度被打倒的地主、旧富农等利益受损者看到了"变天"的希望。此时，佳县个别地主气焰嚣张，以为西北野战军两次攻打榆林未果将是他们"反攻"的信号，以为他们心中一直割舍不下的"天"又要变回来了。特

---

① ［美］詹姆斯·C·斯科特：《弱者的武器：农民反抗的日常形式》，译林出版社，2007年版，第2页。

别是在米脂县杨家沟召开的中共十二月会议开始土改纠偏以后,"近来各地地富复活,证明地富政治上并没有垮"①,部分地主旧富农利用中共土改政策改变之机,散布"变天"谣言以制造混乱。"螅区二乡任甲村农会主任二流子任邦禄,系反革命分子,自当了农会主任之后,称王称霸,无法无天,甚至高呼口号:'打倒旧政府(按指区乡政府),取消共产党。'"②通区二乡冯家圪崂旧富农尚万全,因贫农团把他扫地出门,在纠偏政策传达后,他便不满地说道:"有朝一日青天来(指顽军),把贫农团杀了,我咋不用讨吃了。"③他们不但造谣"变天",甚至个别人在行动上采取了报复行为,佳县北部的古木区五乡地主贺怀德带着武器从榆林偷偷跑回来,贺玉秉在全家逃往榆林后也曾跑回来过,"沿街骂行,谁也没办法"。响石区一乡"地富一班人的态度很强硬,都说政策转变了,引起群众害怕、不满等现象。苦菜圪垯表现得最厉害。地主李增英的婆姨就把贫农团长打了一屯(顿),此人怕得不敢回去,第二天回去又打了一屯(顿),后来捆的(被捆着)送来了,我们解释(解释后将其)放回。"④当然,敢于公开向贫农团和土改干部发起挑战,企图反攻倒算的恶霸地主仍属于极个别,但"变天"谣言在土改政策转变之际对不明真相的群众造成极其恶劣的影响。

虽然未见到有组织传播"变天"谣言的材料,这些谣言都呈点状式散发特征,但谣言的传播并不会因为是否有组织而受到影响。正如詹姆斯·C.斯科特在《弱者的武器》中所分析,"它们几乎不需要协调或计划,它们利用心照不宣的理解和非正式的网络,通常表现为一种个体的自助形式,它们避免直接地、象征性地与权威对抗"。⑤因为,谣言的传播者出于某种担忧而不自觉相信谣言的

---

① 《城通土改指挥所正月初二会议记录》(1948年),佳县档案馆馆藏档案,档案号(1-1-68)。
② 《佳县两个月土改报告》(1948年),佳县档案馆馆藏档案,档案号(1-1-78)。
③ 《通城指挥所关于三个月来的土改工作总结报告及今后生产救灾整党工作的意见》(1948年),佳县档案馆馆藏档案,档案号(1-1-79)。
④ 《各乡土改情况会议记录》(1948年),佳县档案馆馆藏档案,档案号(1-1-72)。
⑤ [美]詹姆斯·C·斯科特:《弱者的武器:农民反抗的日常形式》,译林出版社,2007年版,第3页。

内容，从而扩大谣言的传播范围。的确，"变天"谣言来源于国民党特务别有用心的散布，部分利益受损者也是主动传播者，但他们之间并未见到有组织的关联，而是个体自发传播。把"变天"谣言归因于地主、旧富农等土改对象的破坏，也不是毫无根据的凭空揣测，确实有一些利益受损者参与制造并传播"变天"的谣言。既得利益受损的地主和旧富农在解放战争局势并不明朗，甚至从表面上看还有两次攻打榆林城未能攻破等不利因素，这给"变天"谣言的制造者提供了一个制造混乱的反抗机会。散布国民党会重新回来"变天"的谣言，显然是出于报复心理，希望通过制造并散布谣言制造混乱，达到瓦解解放区基层政权群众基础的目的，这些谣言的制造者带有明显的恶意。

但是，被剥夺土地和其他财产的地主和旧富农并非"变天"谣言的唯一传播者。在传统乡村社会，农民耕种地主的土地，给地主交纳地租，双方都认为是天经地义的行为。农民认为，土地是地主几辈子人积攒的，所以分了地主的土地怕将来遭到报应。中国农民抱着"宁可信其有，不可信其无"的信念，对"变天"的谣言不自觉在内心相信。特别是二三十年代经历过土地革命战争时期地主还乡团报复的血腥记忆提醒着本分的农民，分了地主的土地，将来"变天"会遭受残酷报复。因而，佳县不少农民内心都怕"变天"，担忧国民党军队重新占领后大肆屠杀土改中的积极分子。这种怕"变天"的心态在抗战时期实行减租减息政策时农民就有。1946年8月佳县车会区干部检查时发现，该区徐家畔等村七年来从未实行减租保佃，即使村农会主任也不敢理直气壮在村中开展减租，"我租徐长忍的六垧地年年没有减租。""究其原因系该村靠近边界，地主经常威胁佃户，土地革命时农民分到的一部分土地，抗战开始时即被地主收回，故在农民中产生了'变天'思想。"①甚至个别乡村干部也存在怕"变天"的心理。如城关区五乡支书魏兴有说："今年六月间敌人进攻佳县时，把我差（差点）怕

---

① 《佳县车会区数村庄七年来未减租护地权，调查教育后退地还租》，《解放日报》1946年8月16日。

(吓）死，现在把地主、富农斗一下，将来再变了天，咋（咱）不得活了呀！"①群众"怕变天"的思想在佳县北部与国统区交界地区尤其严重。长期受传统社会观念浸染的乡村农民因对未来的不确定性而出于自保的目的，怕惹了地主和富农后遭受报复，有怕"变天"的担忧也是可以理解的。

土改中的"变天"谣言大多发生在国统区和解放区的交界地带，这里敌区与解放区毗连，生活在两个互相对立政权交叠区、生活在国统区但土地在解放区的不在地地主及特务，成为该谣言的制造者和主动传播者，通过流动人口不断向新解放区和半老解放区散布。"榆林的特务头子就假道绥德去延安。敌人这样的搞我们，随时随地要破坏我们，一不注意敌人就'革'了我们的命"。②以国民党在陕北的重要军事据点榆林城为源头，特务混入解放区传播"变天"谣言，解放区内被没收土地的地主和旧富农从内部响应，成为"变天"谣言在佳县传播的主要路线。

新解放区和半老解放区因中共基层政权建立时间短，农民对中共既往政策的施行效果并不了解，加之国民党政权的反动宣传，接敌区、毗连区的农民对中共政权的认同还不坚定。因而，出于怕分到土地遭受报复考虑，从保护自己现有利益出发，谁也不敢得罪的农民，对"变天"有一定程度的担忧。当然，地主和旧富农是希望真的"变天"，农民及个别基层干部是怕"变天"，这是有本质区别的。

二、谣言的危害

谣言是传播者主观捏造的没有事实根据的虚假信息，其虚假欺骗具有极大的破坏性，会在一定范围一定程度上制造社会混乱、激化社会矛盾。解放战争

---

① 《通城各乡发动群众工作检查报告》（1948年），佳县档案馆馆藏档案，档案号（1-1-50）。
② 《习仲勋同志七月八日在分区干部会议上的报告》（1945年），佳县档案馆馆藏档案，档案号（1-1-27）。

时期佳县隶属于陕甘宁边区绥德分区，处于解放区和国统区结合部，农民内心十分担心国民党真的"变天"，因而"变天"谣言极易在农村造成恐慌，进而对佳县社会稳定、土地改革的顺利开展也带来了困难。

1. 群众动员进展缓慢

土地革命时期佳县部分地区没收了地主土地，全面抗战爆发后由于中共改变了土地政策，停止没收地主土地，改为减租减息政策，部分地主趁机将被贫雇农分走的土地重新收回。这种情况在佳县常有发生，"在南区曾进行了不分阶层的平分，后来因为环境的变化，地主把贫雇农分走的土地全部抢占回去。随后也没有进行归田运动。""地富把分走的土地强占夺取，有的农民仍无土地，地富仍然占有大量的土地，剥削农民"①。

基于土地得而复失的教训，部分农民对中共领导的土地改革前途仍有疑虑，在既得利益受损者此时造谣共产党在新解放区长久不了，将来还要"变天"的威吓下，一些农民对土改工作组进村宣传土改、开展动员积极性不高。佳北古木区二乡地主白凤池在土改工作组进入该乡之初便暗中四处活动，叫农民不要参加贫农团，"白凤池掌握该乡一切。该人对我们这次就不满，所以他叫群众不要参加贫农团，并活动退出贫农团6名，给付农（富农）教的哄骗工作组"②。导致农民不敢对土改工作组说实话，群众动员不起来，土地改革进展缓慢。很多世代耕种地主土地的贫雇农不敢斗地主，如城关五乡农民"一遇上斗争地主就不行了，有的没斗地主怕的就不行了，不愿参加"。他们对土改工作组干部"都是说半句留半句"③。担心工作组干部一旦离开，地主可能会反攻倒算，一旦"变天"，最终吃亏的还是自己，因此不敢真正投入到土地改革的革命行动中。

---

① 《土地问题传达提纲》（1948年），佳县档案馆馆藏档案，档案号（1-1-65）。
② 《各乡土改情况会议记录》（1948年），佳县档案馆馆藏档案，档案号（1-1-72）。
③ 《城通区各乡工作报告记录》（1947年），佳县档案馆馆藏档案，档案号（1-1-68）。

正如佳县土地会议所分析，发动群众时要特别关注农民的"四怕"——"怕白干、怕地主、怕没人撑腰、怕分不到果实"①。由于以上原因，土改工作组进村后，贫雇农大多保持观望态度。诚如杰克·贝尔登所分析，"中国的农民并非总是自动地（自觉得）向封建堡垒发起猛攻的，共产党往往必须手把手地领导他们冲锋陷阵"②。既然农民有顾虑，中共土改工作组进村后在进行调查的基础上，必须尽快解决的问题就是如何启发群众的觉悟，提高阶级意识，发动群众斗争地主。

2. 造成了群众情绪恐慌

十二月会议后开始土改纠偏，原来被扫地出门的地主重新获得土地和部分生产、生活资料，一些成分被错误提升的富农也降低了成分。此时，对中共解放区政权及土地改革怀有敌意或者不满的利益受损者以为中共土改纠偏是因为两次未能攻占榆林城而力不从心的表现，因而再次散布佳县等毗邻榆林城的新解放区即将"变天"的消息。纠偏政策传达后个别地主富农借机制造混乱，散布"变天"谣言——"上级已来命令，去年贫雇怎样斗地主，现要怎样斗贫农，东西再回来。""世事又转变了"。③这些谣言不仅在靠近榆林的佳县北部传播，佳县城南的峪口、店头也有扩散。这些谣言的散布者在内心更愿意相信中共土改政策的纠偏是因为军事上的不顺利，以为榆林的国民党军队占了上风，进而期盼他们能够重新收复解放区，真正实现"变天"。

对中共土改纠偏政策很多群众不理解，中农曾经在土改过激时期利益受损，纠偏后受地主、富农的挑拨，对贫雇农有意见。贫雇农也因纠偏需要给中农退地、退粮而丧失斗争积极性，特别是曾经积极参加斗争的积极分子斗争情绪不高，"去冬斗争的一部分积极分子也和地富沟通一气，打击贫雇农。"导致贫雇农受到了孤立，不敢参加贫农团和农会了。部分群众对土改纠偏政策就不了解，

---

① 《〈佳县土地会议〉大会总结报告提纲》（1947年），佳县档案馆馆藏档案，档案号（1-1-39）。
② ［美］杰克·贝尔登著，邱应觉等译：《中国震撼世界》，北京出版社，1980年版，第202页。
③ 《三月八日炕头会议记录》（1948年），佳县档案馆馆藏档案，档案号（1-1-67）。

也不理解，甚至个别群众说怪话——"取了经，唐僧用，有了乱子孙悟空"①，"斗争是我们惹人，斗争来又说错了，剩下的还不给分"②。在土改开始纠偏之际，农民本就对政策不理解，此时对"变天"的谣言宁愿选择相信，从而引起群众的恐慌情绪。有些群众说："过去山西做得过左，现在地富要溜贫雇农的背"，他们害怕得很。③曾经在土改中斗过地主的积极分子，此时对"变天"的担忧更加深重，从而私下互相打听共产党到底能不能在解放区站稳脚跟等消息，不自觉成为"变天"谣言的传播者。

3. 生产积极性受到打击

"变天"谣言是部分地主和旧富农在利益受到损失时内心活动的外在反应，希望借助国民党军政势力重新返回，恢复他们的利益和地位。在中共基层政权已经建立且土地改革逐步推进之际，他们希望"变天"恢复自己旧势力的企图难以如愿，于是企图挑拨农民内部不同阶层，制造并传播了另一个变化了的"变天"谣言——共产党的政策在不断"变天"：今天消灭地主和富农，明天就该把中农和贫农作为土改对象了，干部和军属也不例外，就像割韭菜一样，一茬一茬来回割，不断进行土地改革。在这种土改政策要"变天"谣言的影响下，部分深受其影响混入贫农团的二流子，在当时大肆散布土改就是"割韭菜"的谣言。如城关二乡大页岭峰二流子曹增尚当了贫农团团长，真是所谓"二百五成神"，到处进行反革命宣传，做尽了坏事。他说："我是全乡的贫农团长，先搞地主和富农，再搞中农，好一些贫农也要搞，斗争好比割韭菜，割了一层又一层。"该村群众在这种恶性宣传之下，整个农村混乱起来了，地主富农固然怕，中农也着了慌，甚至连贫雇农也不安起来了，搞得全村人心惶惶。车会五乡陈佳塌贫农团长陈万斌宣传："打地主，槽（糟）富农，

---

① 《北五区指挥所总结会议录》（1948年），佳县档案馆馆藏档案，档案号（1-1-72）。
② 《南三区土改工作团全体干部总结会议》（1948年），佳县档案馆馆藏档案，档案号（1-1-67）。
③ 《南三区土改工作团全体干部总结会议》（1948年），佳县档案馆馆藏档案，档案号（1-1-67）。

拉中农，捎贫农，发雇农。"①"殷家圪群众说，这是第二次土地革命。"在没收了地主旧富农出租的土地后，也动了大量中农的土地，然后群众起来又"搞了四家军工属（贫雇农），全村共五户军工属，搞出的东西便存在富农家中，说明了当时情况的不了解。所以引起一般群众对生产的情绪降低"②。这些混进贫农团的二流子自身不愿从事农业生产，更愿意通过不断没收别人的土地和财产而改变自己的生活状况，因而一般从事农业劳动的中农和贫雇农在"割韭菜"这种谣言冲击下，"地富不愿生产，中农生产（情绪）很低，贫雇农地少，也兴趣不高"，③农村生产生活秩序受到了影响。

作为"变天"谣言的一个变种，这种谣言虽没有推翻共产党政权代之以变回他们的"天下"的明显恶意，但在解放战争时期老区土改政策先后经历减租减息、和平土改、平分土地、纠偏调整几个阶段，土地一直没有确定地权，农民对于未来依然有相当的不确定性，这种政策要"变天"的谣言，对于中农有着相当大的消极作用，让他们不敢投入时间和资金从事生产。

三、中共对"变天"谣言的应对和成效

中共西北中央局及其领导下的陕甘宁边区各地委、县委对于打破国民党特务及部分地主旧富农制造的"变天"等谣言，十分重视分析其性质、产生的原因，并强调要采取不同的方式予以揭破。对于揭破国民党特务制造的谣言，西北局指示各地委："对国民党特务机关的谣言，应及时告诉下级干部在群众面前如何揭破并经常指出特务造谣的惯技（伎），提高群众的警惕。"④三边地委曾专门发文，强调对于国民党特务制造的各种谣言，"必须给以坚决的揭露，在广大

---

① 《佳县两个月土改报告》（1948年），佳县档案馆馆藏档案，档案号（1-1-78）。
② 《北五区指挥所总结会议录》（1948年），佳县档案馆馆藏档案，档案号（1-1-72）。
③ 《城关四乡屈家庄农户调查》（1948年），佳县档案馆馆藏档案，档案号（1-1-81）。
④ 中央档案馆、陕西省档案馆编：《西北局宣传部关于一九四六年春节宣传内容致各地委宣传部电》，《中共中央西北局文件汇集》（1945年）（内部资料，1994年印），第177—178页。

群众中开展广泛反谣言攻势，加强党内阶级教育，提高警惕"①。从陕甘宁边区政府文件及县级档案资料分析，解放区老区土改中，中共中央及基层政权在"变天"谣言中的应对主要有以下四种措施。

1. 及时完善政策法规，消解谣言生成的社会环境。

陕甘宁边区老区土改具有不同于一般新区土改的特点，部分经历过土地革命区域，土地已经分配给农民，但在全面抗战爆发后国共两党建立抗日民族统一战线的背景下，部分地主将分配给农民的土地又收回，农民的土地所有权并没有得到政策上的保障。抗战胜利后，陕甘宁边区试行"和平土改"，将地主和富农多余的土地予以征购，由无地少地的贫雇农承购，初步解决了陕甘宁边区农民的土地问题，地权尚未确定便因胡宗南率军进攻延安，"和平土改"政策不得不暂停实施。1947年《中国土地法大纲》发布后，陕甘宁边区老区也实行按人口平分土地的土改政策，但义合会议后一些土改干部相信执行政策宁"左"勿右，出现了土改过激化的现象。中共中央十二月会议后开始纠正"左"的偏差。毫无疑问，中国共产党的土地政策与中国国内局势、国内主要矛盾的变化相适应，变化的土地政策也是中国共产党在实践中不断探索的过程。也因为党的土地政策不断变化，农民土地所有权一直没有得到巩固，给中共土地政策要"变天"这类谣言的传播提供了机会。位于解放区和国统区交界地带的新解放区，更因为战争环境的不确定性经常处于双方拉锯状态，当地群众对未来由谁执政心里没底，也给"变天"谣言的传播提供了外部环境。从前文引用佳县档案资料来看，"变天"谣言在佳县南部、北部均有传播，尤以佳县北部的车会、古木、响石三个区为甚。佳县县委在土改工作总结中提到过佳县农民有四怕，"再就是怕变天，这点顾虑（以）尤开光（尤开光区）为甚，他们说：'现在斗了地富，如果已后（以后）国民党来了，怎办呀？'有些农民虽没说出口，但在行动上是表现出了，

---

① 《中共三边地委常委会为揭穿国民党特务政治阴谋的指示》，《陕甘宁边区三边分区史料选编》（下）（内部资料，2007年印），第6页。

虽再三说服，但仍消除不了此种顾虑。这就是解放不久农民对当权者执政的认识不够。"①应该说，我们无法站在事后胜利者的角度苛责当时交界地区、新解放区农民对中共及其基层政权的顾虑。农民更多考虑眼前利益，因而对"变天"谣言宁愿相信，虽然不一定主动恶意传播，但会成为其不自觉的潜在传播者。

要消解"变天"谣言的外部生成环境，就必须打消群众顾虑，一方面在战场上不断取得胜利，让交界区和新解放区群众看到战争形势在不断有利于中国共产党及其领导下的人民解放军，从而增强边界区群众对中共及其基层政权的信心。在三边分区反对谣言的指示中，三边地委要求基层党组织"积极宣传我党一贯方针、政策及当前对时局主张，宣传解放区和八路军、新四军力量及八年中我们所起的伟大作用及功绩，以扩大我政治影响、瓦解敌人反动思想，坚定广大群众对我党我军崇高的信念"②。在胡宗南尚未进攻延安前，习仲勋就在绥德分区干部会议上针对边区的形势强调要加强时事政治教育，增强干部群众战胜敌人的信心。"边区是老根据地，是党中央所在，西北的唯一中心，有生产基础，群众有斗争经验，群众和党有了深刻的感情，这样的一块土地是不允许敌人占领的，也不会轻易放弃的，除非在中国没有了八路军和共产党，只要我们还存在一人一枪，还要战斗到最后。这个道理是要给全边区群众讲清楚的。"③而且，他认为，在人民群众的支持下，我们有条件、有信心保卫边区。1946年10月18日，三边地委在关于目前的形势与任务的指示中指出，希望各基层组织根据《解放日报》《蒋军必败》《为实现一月停战协定及政协决议而斗争》及《提高警惕保卫边区》3篇社论，"进行思想动员，提高群众的胜利信心"④。并要求各基

---

① 《车开二区土改总结报告》（1948年），佳县档案馆馆藏档案，档案号（1-1-79）。
② 《中共三边地委常委会为揭穿国民党特务政治阴谋的指示》，《陕甘宁边区三边分区史料选编》（下）（内部资料，2007年印），第7页。
③ 《习仲勋同志七月八日在分区干部会议上的报告》（1945年），佳县档案馆馆藏档案，档案号（1-1-27）。
④ 《中共三边地委常委会为揭穿国民党特务政治阴谋的指示》，《陕甘宁边区三边分区史料选编》（下）（内部资料，2007年印），第35页。

层组织利用各种会议鼓励群众,只要军民团结一致,定能打胜仗,消灭胡宗南主力,取得保卫边区的胜利。战场胜利的消息在基层不断传播,让群众看到解放区的"天"不会改变,"变天"的谣言自然就被攻破。

另一方面就要及时完善党和政府的政策法规,给顾虑中的农民吃下一颗定心丸。十二月会议后,中共的土改政策不断完善,对"左"的土改偏向予以纠正,重新确定成分,退赔中农和中小工商业者的被侵犯的利益,在老区以抽补调剂的方式解决土地问题,尽快完成土地改革,给农民发放土地证以确保土地所有权。对于部分地主土地在没收后不愿拿出地契,以便保留"变天账"的打算,中共中央及其基层政权在土改纠偏中宣布以往的土地契约作废,重新由人民政权发给新的土地所有权证,以保护农民既得利益。"这次土地分配妥当后,以往的土地契约即作废,如车会四乡的土地契约已由农会统一收回焚烧,从此确定了新的地权,宣布由政府发给土地所有证。"①发放土地证,确保了农民土地所有权,逐渐安定了人心,稳定了乡村生产、生活秩序,从政策层面消解了"变天"谣言的社会环境。

2. 加强政策的宣传教育,构建消灭谣言的舆论环境

解放战争时期的土地改革是要彻底改变封建性半封建性的土地制度,实现农民对土地所有权的期盼,真正实行耕者有其田,满足了千百年来中国农民对土地所有权和使用权的渴望,将极大解放农业生产力、提高农民生活水平。然而,农民在土地改革政策不断调整、土地尚未确权的背景下对未来有一定的不确定性,受"变天"谣言的影响,农村一度秩序混乱。究其原因,与中共基层政权和土改指挥机关对政策理解不到位、宣传不够有关。如佳县县委指出:"但根据今天检讨,我们某些参加土地工作的干部,对这个重要的宣传工作做得很差,有的甚至把土地改革运动过于神秘化,把党的政策不向人民宣传,只在贫农团、农会中传达布置,如螅区四乡任家沟村工作组,从下乡到斗地富廿八九

---

① 《车开二区土改总结报告》(1948年),佳县档案馆馆藏档案,档案号(1-1-79)。

天以后，还没有开过群众会，使人民对党的政策犹豫、害怕、不安，甚至发生造谣等现象，这是工作中很大的缺点，也是很大的错误。""群众对土改运动的许多具体政策，不能即时（及时）彻底了解，'人云亦云，以讹传讹'，谣言容易产生，情绪很多（很）不稳定。"①这份佳县县委关于四个月来土改工作的总结清楚阐明了土改中"变天"谣言产生的原因——群众对土改政策不了解，土改工作组只在贫农团、农会中传达，而没有向群众作广泛宣传，导致了农民的焦虑恐慌情绪。

要应对谣言带来的不利影响，"第一要加强宣传教育"——"伟大的土地改革，是广大农民的轰轰烈烈的运动，因此，必须首先将党的政策在广大群众中进行普遍地、深入的宣传教育，更应随时随地不拘形式的将党的土地法大纲，及订成分标准与划分阶级的具体办法，耐心的详细的给群众宣传清楚，应将几千年来封建压榨、剥削与土地制度的不合理的事实讲述明白，启发并发动90%以上的农民参加斗争。"②通城土改指挥所在总结三个月来土改工作时也强调利用各种机会加强宣传，"各村召开各阶层一览（揽）子会，宣传党的各种政策、战争胜利消息、生产救灾支前的重要性，以提高群众生产情绪，增强群众胜利信心，更应揭破地富'青天来'的幻想。总之，应随地随时不拘形式的进行宣传教育。"③不但要宣传党的土地改革政策，而且要宣传党领导下的人民军队不断取得胜利的消息，让农民增强战胜国民党政府的信心，才能破除谣言产生的舆论环境。

如果群众受"变天"谣言影响而不敢斗争地主，或者受政策要"变天"谣言影响怕露富而不愿从事农业生产，土地改革将无法顺利开展，也难以达到动员农民支持解放战争的目的。因而，土改工作组和基层政权必须通过深入广泛宣传土改政策以消灭谣言产生的土壤，宣传十二月会议以后老区土改所实行的

---

① 《关于四个月来的土地改革总结报告》（1948年），佳县档案馆馆藏档案，档案号（1-1-78）。
② 《关于四个月来的土地改革总结报告》（1948年），佳县档案馆馆藏档案，档案号（1-1-78）。
③ 《通城指挥所关于三个月来的土改工作总结报告及今后生产救灾整党工作的意见》（1948年），佳县档案馆馆藏档案，档案号（1-1-79）。

抽补调剂政策，尽快完成土地改革、发放土地证以便确定农民的土地所有权。通过广泛宣传，才能打消农民因不了解土改政策而产生的焦虑情绪，农民担心自己也被"割韭菜"，更怕"变了天"分到的土地又将失去且会遭到报复。如通区农民说："闲的闲下了，荒的荒下了，负担没人啦，大家都要饿死了。"在十二月会议后大量宣传新的纠偏政策，农民对中共土地改革后农村的未来有了明确的认识后，重新确立了生产致富的想法。"当我们平反了'平分'，今春又重新抽补后，群众说：'打头子，扶底子，今后光景都好过。'又说：'只要我们原地不动，就是瘦地也不嫌。'这完全证明'地种三年亲如娘，再种三年比娘亲'的真理。"①因为对政策了解了，"变天"及"割韭菜"的谣言逐渐被打破，农民当然愿意将精力投入自己的本职生产劳动中，对中共土改政策也更加支持，只要确定了地权，自己原先耕种的土地即使"瘦"也不嫌弃。事实证明，"哪个村政策宣传得多（时事在内），哪里问题好解决，群众不恐慌。"②

3. 积极主动澄清事实，揭破谣言的不实内容

一些义合会议后干部产生了"宁左勿右""左比右好"的观念，"贫雇农要怎么办就怎么办"，土改工作组在基层土改中没有起到应有的指导作用。再加上贫农团中混入了一批坏分子，导致陕甘宁边区老区土改出现了"过火"现象，部分非恶霸的地主、富农，被提升了成分的中农和被没收了货物的兼营工商业者，受"变天"谣言的影响，担心会被斗争，一些人逃往榆林城。在十二月会议土改纠偏后，土改工作组和基层组织宣传的纠偏新政策无法传递到国统区，他们仍然不明真相，依然是"变天"谣言的潜在传播者。为了消除谣言的不利影响，让这些逃往国统区的被错误斗争了解新政策，基层党组织和土改工作组积极主动找到他们，澄清事实，宣讲新政策，希望他们回家发展生产，恢复正常的生产生活秩序。如三边地委在揭穿国民党特务谣言的指示中指出，各地党政军

---

① 《关于四个月来的土地改革总结报告》（1948年），佳县档案馆馆藏档案，档案号（1-1-78）。
② 《神泉工作组检讨第一阶段工作报告》（1948年），佳县档案馆馆藏档案，档案号（1-1-82）。

教育宣传部门应协同各级联络部门、统战部门、治安机关，通过各种关系，向周围国民党统治区开展宣传，采取公开、半公开或者秘密的方式发送《解放日报》，或者派人到国统区进行宣传，"以揭露国民党的反动言论，扩大我政治影响，瓦解国民党反动统治的作用和力量"①。要消除谣言的不良影响，光宣传政策还不够，还要主动揭破谣言，派人到榆林等国民党统治区，向逃到榆林的群众尤其是曾经被错误侵犯者宣传，要他们返回亲自了解政策转变后的土改实践，在真实感受后揭破"变天"谣言。

佳县城关五乡大会坪村位于黄河岸边，是黄河西岸重要的码头之一，村上有四合盛等商铺，土改定成分中确定了一些家庭成分为商人，如曹润湖和高继武两家被确定为中商。这两户以经商为主要生活来源，土地经本人同意后拿出来分配，商业部分完全未动。这是符合保护中小工商业者政策的，但基层在执行过程中对政策理解不够，发生了没收地主兼营的工商业资本或者货物的现象。这两家货物均被村贫农团封存，其中包括高继武经营的蓝靛、布匹、麻纸、盐、炭、蜡烛等。高继武的弟弟高继凯"在通镇做生意，逃至榆，将其货物转移至乡下，经农会登记封存"。曹润湖"在通镇本街商之货物，曾经一度封存"。十二月会议后该村土改工作组到高继武家宣传纠偏新政策，告知原被没收封存的货物予以退还，并请其家人专门到榆林城向高继凯解释新政策。了解新政策关于保护中小工商业者的消息后，高继凯一人返回佳县大会坪，看到已经退还的商品后才放心，让其他住在榆林的家人陆续返回。曹润湖家的商铺"去年冬已开门让其经营，一点东西没短（缺少）。"两家人明白了中共土改政策是要帮助农民翻身致富，也自动借出部分粮食帮助缺粮的农户渡过难关。②看到了事情的真相后，"变天"的谣言不攻自破，曾经封存商品货物的不良影响也逐渐消除，增进了对中共政权的情感认同。

---

① 《中共三边地委常委会为揭穿国民党特务政治阴谋的指示》，《陕甘宁边区三边分区史料选编》（下）（内部资料，2007年印），第8页。
② 《城通区土改指挥所正月初二会议记录》（1948年），佳县档案馆馆藏档案，档案号（1-1-68）。

4. 刚柔并济，遏制谣言传播的主观环境

土地改革本身就是阶级斗争，消灭封建性和半封建性剥削制度是土地改革的既定方针，因此对于因利益受到损失的地主和旧富农可能掀起的反抗，党和基层政府是有准备的，坚决予以镇压是革命的应有之义。但是，对于"变天"谣言的制造者，很难找到其源头制造者，只能从传播渠道来处理。对于那些在基层群众中主动传播且造成相当恶劣影响者，予以果断处理。

绥德县委在十二月会议后发布今后土地改革运动的意见中表示，要"在政治上最后打垮这些'复辟地主'之气焰"①。对怀抱"变天"企图的"复辟地主"要予以严厉打击，才能阻断"变天"谣言的源头，让他们认清解放区事实上已经没有了所谓"变天"的可能。如佳县响石二乡塔山村恶霸地主闫进仓传播"变天"，勾结敌人残害当地人民，这次在农民起来后，给了应有的惩处——通过特别法庭审判处以死刑。②当然，真正敢于发动"变天"行动的仅仅是个别反动恶霸地主，对于其他传播者尤其是因时局不明朗而被裹挟而担心"变天"的农民，予以教育、断掉谣言传播渠道即可。绥德地委发布通知，"应防止有些地主、旧富农或反革命分子乘机钻空子、造谣、挑拨农民团结，甚至向群众反攻等活动，如一经发现，应即制止，在群众中揭露其阴谋，并予以必要的斗争教育或惩治。"③对于基层干部中相信"变天"谣言者，或者"凡在土改中故意歪曲党的政策思想的，不易扭转，不愿坚决改正错误的，和确实不能胜任的人，应调离工作。在土改中造成重大恶果者，甚至给予必要的纪律处分"④。对于混进贫农团的二流子在斗争中传播中共土改政策要"变天"的传谣者，在土改纠偏中予以清洗出贫农团，阻断其谣言传播渠道、控制谣言传播范围。

---

① 《绥德县委对今后土地改革的意见》（1948年），佳县档案馆馆藏档案，档案号（1-1-74）。
② 《北三区土改报告》（1948年），佳县档案馆馆藏档案，档案号（1-1-79）。
③ 《绥德地委关于具体纠正土改错误偏向的指示》（1948年），佳县档案馆馆藏档案，档案号（1-1-74）。
④ 《绥德地委给各县委的指示》（1948年），佳县档案馆馆藏档案，档案号（1-1-75）。

从以上措施可以看出，十二月会议后土改纠偏中，中共中央及其基层政权在处理"变天"谣言上采取刚柔并济的措施——凡是恶意制造并传播"变天"谣言并付诸行动者，通过法律手段予以制裁；对于基层干部中传播谣言者，或调离工作，如对工作造成重大影响也会给予必要的纪律处分；对于混入贫农团中的二流子借"变天"谣言和政策的不稳定性而图谋私利者或造成混乱者予以惩处，清理出贫农团；对于因战争环境而被裹挟担心"变天"谣言的农民，予以教育。通过以上措施，遏制了谣言传播的人为环境，一定程度上扭转了因谣言传播而造成的社会秩序混乱局面。

四、结语

"大规模谣言的产生与流传和重大的社会变迁紧密相关，发生社会剧烈变革的时期往往是谣言容易产生的年代。"[1]在社会动荡时期，局势不明朗，生存于其中的个人看不透未来社会发展的趋势，谣言因关切群体利益，必然会对个人利益得失关切者产生一定的影响。纵观解放战争时期陕甘宁边区土改中"变天"谣言的传播，可以清楚看到在毗邻国统区的佳县北部谣言传播较南部更为广泛。从时间上看，在1947年11月西北野战军对榆林城发动强攻但未能奏效之际，国民党宣传机构找到了吹嘘的资本，也为"变天"谣言提供了滋生的环境。在国民党特务的"变天"谣言造势下，这些利益受到损失者重新燃烧起了解放区要"变天"的念头，造谣惑众就是其反抗方式之一。因土地改革利益受损者在谣言的制造和传播过程中起了一定的作用。在十二月会议决定土改纠偏后，个别地主旧富农更加嚣张，认为纠偏政策是共产党示弱的表现，更加坚定了他们"变天"的幻想。甚至个别谣言的信任者还趁机反攻倒算，杀害革命群众，逃到榆林城给国民党通风报信，要求贫雇农退回没收他们的土地和房屋等。

---

[1] 李若建：《虚实之间：20世纪50年代中国大陆谣言研究》，社会科学文献出版社，2011年版，第11页。

在谣言的应对和处理过程中可以发现，中共在政治上、宣传上和行动上都表现得相当成熟，采取稳健、主动、灵活、刚柔并济的方式，消除了谣言引起的群众恐慌，以及因政策的不稳定性而产生的对未来不确定性的焦虑，展现了中共中央及其基层组织在处理危机中的斗争智慧。谣言的产生有其社会背景，不可能仅仅通过堵塞的方式斩断传播途径。因而，在"变天"谣言传播后，中共中央分析其产生与自身政策的不稳定及老区土改中出现的新情况有关，十二月会议将彻底平分土地的原则在老区改为抽补调整，并要求尽快完成土地改革、发放土地证以确保农民土地所有权。这些政策上的调整是应对"变天"谣言的根本保障。再通过广泛宣传新政策，主动找过激时期被错误斗争或者侵犯利益的富农和中农澄清事实，让农民明白中共的政策及在实践中执行的决心，从而增强对中共政权的政治认同，进而坚定对解放军赢得战争胜利的信心。最后，通过对谣言的坚决传播者、被裹挟担心者等不同的处理手段，让造谣者付出代价，让信谣者从担忧焦虑中解脱出来，也显示了中共及基层政权在处理"变天"谣言中的灵活措施。

（原载《中国延安干部学院学报》2023年第6期）

教材、教员、教法：抗战时期社会教育推动马克思主义大众化

——以陕甘宁边区冬学为中心

冬学运动是全面抗战以来中国共产党在革命根据地开展的群众性社会教育运动，目的在于通过识字教育扫除文盲，通过政治教育增强群众民族意识和对敌斗争能力，通过与农业生产、日常生活相结合提高群众生产技术、提升生活水平。近年来学界从政治动员、乡村社会变迁、妇女解放等视角对陕甘宁边区的冬学运动进行了深入研究。①冬学教员是冬学运动顺利开展并达到预期效果的关键因素之一，教材是开展冬学运动的载体，教学方法关系到马克思主义理论能否被农民所听懂，而此类研究成果目前较少②。因而，冬学教员、教材和教法

---

① 代表性成果有：王玉珏：《陕甘宁边区社会教育与妇女解放》，《南通大学学报》2016年第5期；李祥兴：《论陕甘宁边区的冬学运动与马克思主义大众化》，《北京航空航天大学学报》2011年第5期；张孝芳：《抗战时期陕甘宁边区的社会教育运动与乡村社会变迁》，《山东社会科学》2008年第8期；黄正林：《社会教育与抗日根据地的政治动员——以陕甘宁边区为中心》，《中共党史研究》2006年第2期，等等。

② 董亚泥：《山西冬学义务教员研究——以中阳县为例（1949—1952）》，《吕梁学院学报》2023年第5期；周江平、尹春亮：《抗日根据地冬学运动的教师问题》，《温州大学学报》2009年第1期；郭艳红、李贝贝：《扫除"文盲"与"政治盲"：根据地解放区冬学课本的编印策略与内在逻辑》，《出版科学》2023年第5期。

推动马克思主义大众化值得持续关注和深入探讨。本文拟利用陕甘宁边区分区及县级冬学档案，结合《解放日报》和陕甘宁边区社会教育资料汇集等材料，梳理陕甘宁边区冬学运动中的教员、教学方法、教材编制中的马克思主义大众化问题，进一步探讨陕甘宁边区冬学运动的社会动员效果。

一、解放区社会教育与马克思主义大众化的关系

毛泽东特别重视党员干部的理论学习，他强调："指导一个伟大的革命运动的政党，如果没有革命理论，没有历史知识，没有对于实际运动的深刻的了解，要取得胜利是不可能的。"①党员要学习马克思主义理论，也要向群众传播马克思主义。要当好群众的教员，就必须了解群众的需要，研究怎样把马克思主义的基本理论用适当的方式传播给不同的群众，也就是马克思主义必须要大众化。

全面抗战时期，中华民族与日本帝国主义的矛盾是中国社会最主要的矛盾，依靠人民群众打败日本侵略者赢得抗日战争的全面胜利是中国共产党的中心任务。一切为了人民，一切为了争取抗战的全面胜利，是中国共产党制定各项政策的出发点。要领导广大农民开展对敌斗争，就必须用先进的理论——马克思主义及中国化、时代化、大众化的马克思主义教育群众，群众统一了思想才能在实践中理解并支持党的各项政策，为党夺取革命的胜利奠定坚实的群众基础。

冬学运动是北方各解放区政府开展的识字扫盲运动，也是推动马克思主义在经济文化落后地区传播的重要途径。与干部教育侧重于马克思主义基本原理和党的路线、方针、政策的学习不同，冬学的教育对象主要是文盲占绝大多数的农民，只有传播符合农民需要的革命理论，用农民群众听得懂、听得进的本土化话语和农民群众喜闻乐见的形式开展宣传，才能达到马克思主义在农民群众中传播的目的。毛泽东指出，"共产党员是国际主义的马克思主义者，但是马

---

① 《中国共产党在民族战争中的地位》，《毛泽东选集》第二卷，人民出版社，1991年版，第533页。

克思主义必须和我国的具体特点相结合并通过一定的民族形式才能实现……使马克思主义在中国具体化，使之在其每一表现中带着必须有的中国的特性，即是说，按照中国的特点去应用它，成为全党亟待了解亟须解决的问题。洋八股必须废止，空洞抽象的调头必须少唱，教条主义必须休息，而代之以新鲜活泼的、为中国老百姓所喜闻乐见的中国作风和中国气派。"①毛泽东提出的马克思主义在中国的具体化，应用到陕甘宁边区这种经济文化落后的地区，在传播马克思主义基本理论时必须考虑到本地实际，使马克思主义的传播在内容上、形式上大众化、本土化，才能为本地区群众接受。

关于陕甘宁边区社会教育与马克思主义大众化的关系，笔者认为主要有两点值得关注。

1. 马克思主义大众化是文教大会后社会教育的必然要求

1944年陕甘宁边区文教大会确立了文教工作的新方向——反对包办代替、强迫命令的教条主义作风，走群众路线，办符合群众需要的社会教育。这是整风运动开展后陕甘宁边区在文教工作中坚持群众观点、走群众路线的必然要求。

冬学运动初期，边区党和政府把冬学教育当作一种群众运动，提出了各地办冬学的数量和入学学生人数的要求，一些区、乡基层干部则采取了教条主义的方式来完成任务。在教员配备、教学内容和形式上追求数量、忽视质量，所教的内容与群众日常生活脱离，群众不满意，基层干部也疲惫不堪。

群众教育不同于中小学教育之处在于学习内容需要满足群众的需要，中小学教育无论学生是否愿意都要学习学制内规定的内容，而群众教育是非学历教育，农民是否参加不能强制，只有符合群众需要才能调动他们学习的主动性，才能通过识字教育达到消灭文盲的显性教育效果和启蒙群众政治觉悟的隐性教育效果。因而，教员的教学内容、教学方法对教学效果有决定性作用。但正如边

---

① 《中国共产党在民族战争中的地位》，《毛泽东选集》第二卷，人民出版社1991年版，第534页。

区政府副主席李鼎铭在文教大会上做报告时指出,"部分教员仍依个人嗜好选择教材,不切实用,教学方法和管理方法还急待改进。"①李鼎铭所指出的部分教员出现的问题,说明教员的选聘对教材选用和教学方法的影响。教员的知识背景和教学能力决定着不同的教学方法,教员选取教材及编写辅助教材的倾向和能力。在以扫盲教育和政治教育并重的冬学运动中,教员能否用大众化的马克思主义宣传革命理论和党的政策,能否用群众喜闻乐见的大众化的形式宣传,也影响着马克思主义理论和党的政策能否被群众所掌握,进而成为指导农民参加革命、开展大生产的指导思想。

2. 宣传大众化的马克思主义也是冬学运动的应有之义

以群众喜闻乐见的形式推进大众化马克思主义的传播,也是冬学运动的应有之义。1944年1月6日林伯渠在政府委员会第四次会议的报告中指出了陕甘宁边区教育的内容,"以文化教育为主,同时须从思想上确定学生的革命观点、劳动观点与群众观点,并须进行以边区政治、经济为中心的政治教育与生产教育,辅之以时事教育。文化教育亦须从边区需要及学生的现有程度出发,逐渐提高,去其暂时过高者和不急要者。"②文化教育与思想政治教育并重,也是陕甘宁边区群众社会教育应该遵循的方针。林伯渠在政府工作报告中清楚指出了在边区教育中要传播马克思主义阶级观点、劳动观和群众观。冬学作为陕甘宁边区农民社会教育的重要途径,传播马克思主义基本理论是任务之一。

1944年4月7日《解放日报》关于根据地教育改革问题的社论也就群众教育的原则提出,"既然根据地群众的生活基础是家庭和农村,我们的群众教育,无论是对儿童,对成人,对妇女,就应该时时刻刻照顾到家庭和农村,家庭生活农村生活中所实际需要的知识,就应该成为教育的主要内容或全部内容。"③

---

① 李鼎铭:《文教工作的方向》,《解放日报》1944年12月10日。
② 《边区政府一年工作总结》,《解放日报》1944年2月8日。
③ 《根据地普通教育的改革问题》,《解放日报》1944年4月7日。

边区政府已经清楚指出，群众社会教育在内容和形式上要适合边区群众的需要，并在社论最后提出以后要分别讨论根据地群众教育的课程问题、教学方法问题。社论虽没有明确提出冬学运动中的马克思主义大众化的概念，但其中暗含着把马克思主义理论和中国共产党的政策通过大众化的方式在冬学中传播，已经带有群众文教工作必须走马克思主义大众化之路的明确倾向，这也是贯彻毛泽东在文教大会上演讲中提出的遵循群众需要与自愿原则的必由之路。

因此，冬学运动既是宣传大众化的马克思主义的重要途径，也推动了马克思主义的大众化；同时，冬学运动必须适应当地群众的需要，采用大众化的形式，才能达到扫除文盲和进行政治教育的目的。

二、教员大众化、教材本土化、教法形象化

社会教育的主要对象是成年、青年农民，如何将马克思主义的阶级学说、劳动观、群众观以及中国共产党的路线、方针、政策等抽象的理论向这些文盲居多的农民讲清楚，其教员选聘、教材编写、教学方法必然与学历教育、干部教育不同，以本地农民能够接受的内容和方式讲授是必然选择。因而，冬学教员的选聘原则、教材编写逻辑、教学方法设定必须适应马克思主义大众化的要求。

1."民教民"式的大众化教员

教育的主要实施者是教师，特别是受过专门训练的具有扎实专业知识和丰富教学能力的教师。延安大学、三边公学等院校学生曾是政府公派冬学教员的主力，1940年陕甘宁边区冬学工作总结中提到："过去三年的冬学工作，都是调师范学校学生担任教员。"[①] 1944年三边分区有"延大冬学教员及分区自三边公

---

① 《陕甘宁边区教育资料·社会教育部分》（下），教育科学出版社，1981年版，第154页。

学中学部调出六十名。"①然而，依靠有限的公派教员难以满足各地冬学运动的需要，而且"停课给群众演戏、办冬学……学生在这些实际活动中，虽然获得了不少宝贵的知识，但造成了学生在文化学习上的损失，而妨碍学习任务的完成。"②因而，1944年边区文教大会确立了民办公助的原则，教员以群众自行聘请为主，动员基层干部、识字群众、旧知识分子以及放假的学生当冬学教员，采取"民教民"的方式开展冬学等社会教育。1944年陕甘宁边区政府关于冬学的指示中指出，"务使今冬大部分中小学教师、中学学生及一部分完小高年级学生及地方知识分子办冬学和冬学有经验的人，都自愿充当冬学先生为人民服务"③。好的冬学教员是冬学运动的关键，这些缺乏专门训练的教员在识字教育扫除文盲方面应当能发挥作用，但能否将马克思主义理论和党的政策向群众讲明白，这是探讨冬学等社会教育推动马克思主义大众化问题必须搞明白的问题。

　　派遣延安大学、三边公学等院校学生当冬学教员，这在政治方向上、专业知识上、教学方法上有相对较高的保障，但在数量上远远无法满足。而且群众社会教育仅靠政府的力量难以完成，依靠群众办社会教育是必然趋势。如陕甘宁边区政府教育厅在总结1939年冬学时指出，"去年冬学教员由教厅准备了三分之二，当地聘请三分之一，今年则由教厅准备了五分之一，各县自己聘请五分之四。"④公派教员不仅承担冬学教学任务，还负有培养当地识字者成为接班教员的任务。三边分区就曾明确指出，"培养本地积极分子为所有延大、三公教员的主要任务"⑤。本地教员除了放假回家的中小学生外，主要是基层干部、本

---

① [美]詹姆斯·C·斯科特：《弱者的武器：农民反抗的日常形式》，译林出版社，2007年版，第2页。
② 教育科学研究所筹备处：《老解放区教育资料选编》，人民教育出版社，1959年版，第143页。
③《陕甘宁边区教育资料·社会教育部分》（下），教育科学出版社，1981年版，第187页。
④《陕甘宁边区教育资料·社会教育部分》（下），教育科学出版社，1981年版，第131页。
⑤《三边分区专员公署1944年冬学工作总结》（1945年），榆林市档案馆馆藏档案，档案号（0006-01-0305-0001）。

村识字农民。这些各地临时抽来培训的冬学教员要具备"文化政治程度要相当高的、本地的、年龄较大而具有民运工作经验的条件①。"如神府县1945年冬学开始前,县政府举办冬学教员培训班,"以区为单位训练了大批的冬学教员,参加受训者共有村干部四十三名,农村知识分子九十五名"②。当年神府县冬学教员大部分是村干部和接受过初等教育或者自学识字者,也都是当地的农民。

相对于外来公派教员,他们是不脱离生产的农民,更清楚农民的需求,对当地农民的语言、思考方式、习惯更为了解。而且,由于他们在乡村社会中政治上积极,有一定的从事农民运动的经验,社会威望较高,对本地农民的影响较大。来自本地的大众化的教员一旦经公派教员传帮带和各分区、县组织的培训班进行思想政治培训,将自己掌握的马克思主义理论用当地农民通俗易懂的语言解释,对于通过冬学运动推动马克思主义理论和党的政策的宣传,比外来者更易被农民群众接受。

2. 适应地方需要的本土化教材

教材是教育主管机关贯彻其教育方针的载体,也是教员和学员之间的桥梁。1944年陕甘宁边区文教大会后,按照毛泽东提出的尊重群众需要与自愿原则开展社会教育,教材的内容能不能满足群众的需要是关键。陕甘宁边区冬学通用教材是边区政府教育厅组织编写、审定的,包括《识字课本》《日用杂字》《庄稼杂字》《农村应用文》等。1946年陕甘宁边区政府关于冬学的指示就课本问题指出:"文化教材以教厅审定的日用杂字、识字课本、文化课本、农村应用文为主。"③ 1945年陕甘宁边区《冬学手册》中介绍,去年冬天教育厅供给各地冬学用的有"识字课本""日用杂字""庄稼杂字"三种课本,还有一种参考用的"卫生课本"。各分区也编印了课本(如三边有"放羊杂字""新百句文"

---

① 刘端菜:《陕甘宁边区的冬学运动》,《新华日报》1940年1月12日。
②《神府县1945年冬学工作总结报告》,榆林市档案馆馆藏档案,档案号(0006-01-0797-0002)。
③《陕甘宁边区教育资料·社会教育部分》(下),教育科学出版社,1981年版,第349页。

等)。①1948年陕甘宁边区政府教育厅关于冬学的指示中还提到,冬学课本有教育厅编印的《新三字经》。《新千字文》也是教育厅编印的通用教材之一,"是依据抗战建国的理论,配合着当地的情形编写的。一共四册,读完正是识了一千个字,看报、写路条、记账、写信都可以不成问题"②。该教材将党在抗战时期的政策和马克思主义建国理论与当地情况相结合,既是识字课本,也是传授马克思主义理论和宣传党的政策的重要途径,是社会教员推动马克思主义大众化的生动体现。

边区政府教育厅编印的冬学教材是通用教材,但不强求必须采用,"也可按照群众的意见,采用不求一律"③。各分区、各县要切实贯彻尊重群众需要与自愿的原则,就应该深入研究本地群众到底需要在冬学中学什么知识。如《冬学手册》在介绍陕甘宁边区冬学教学经验时指出:"在选用课本之先,教员应注意了解学生的家庭生活、学习能力、学习情绪等等情况,因为不了解他们,就不能教导他们。"④在了解学员的需求后,教员还要研究不同课本的特点,因为同是边区教育厅编印的冬学课本,但侧重的适用人群不同,如《识字课本》适用于儿童和妇女,《日用杂字》适用于一般成人和青年,《庄稼杂字》适用于务农的成年人,《放羊杂字》适用于三边、陇东一带的放羊娃。

除边区教育厅编印的以上通用教材外,各地冬学还把读报作为识字的重要参考教材。而且,冬学中的政治课主要目的不是为了识字,而是了解党的政策,因而大部分地方冬学政治课教材多来自中共在各解放区发行的党报党刊。1948年边区教育厅指示信指出:"时事政治教材以《群众报》为主,程度较深者可讲解《人民解放战争两年总结及第三年的任务》《进一步提高解放区的农业生产》两篇社论。"⑤还有些冬学以《解放日报》和分区的地方报作为时事政治教材。教

---

① 教育科学研究所筹备处:《老解放区教育资料选编》,人民教育出版社,1959年版,第290页。
② 刘端棻:《陕甘宁边区的冬学运动》,《新华日报》1940年1月12日。
③《陕甘宁边区教育资料·社会教育部分》(下),教育科学出版社,1981年版,第186页。
④ 教育科学研究所筹备处:《老解放区教育资料选编》,人民教育出版社,1959年版,第291页。
⑤《陕甘宁边区教育资料·社会教育部分》(下),教育科学出版社,1981年版,第351页。

员浅显明了的讲解，使群众了解中共在抗战时期的理论和政策。

冬学"虽有通用课本，但不拘于课本，而是从具体群众的具体需要出发，群众要学那（哪）类字就从那（哪）类字教起，要学啥就教啥"①。对于已经选定的冬学课本，教员也可以根据本地群众的实际需要进行适当的改编，边区政府教育部门对此也作为经验进行介绍。"总之，应有课本为蓝本，不是局限于教材，遇到不适合此时、此地、此人的情况时，就可以改变。"如陇东没有"壕坊、圪塔"等名字，就不教这些名字；碌碡是绥德、米脂一带人的叫法，庆阳人叫"滚子"，就改教"滚子"两字。赤水蒙家湾冬学教员把教材上的"干饭、稀饭、高粱饭"，改为当地人常吃的"面条、蒸馍、洋芋蛋"。②教员适当修改通用教材中个别不适合本地习惯的内容，是中国共产党人实事求是思想路线的体现，也是将冬学教育目的通过群众易于接受的内容予以大众化的措施。

陕甘宁边区政府教育厅组织编写的冬学教材适合不同的人群和地区，教员还会根据本地情况对通用教材进行适当的改编，这种通过大众化的教育载体推动社会教育的方式，提升了群众的文化水平和政治觉悟，有助于群众理解和接受中国化、时代化、大众化的马克思主义以及党的路线、方针、政策。因此，编印适合本地群众需要的本土化的冬学教材和辅助教材，既适应了马克思主义大众化的需要，也必将推动马克思主义被大众所接受。

3. 探索出符合群众需要的形象化教学方法

1944年边区文教大会上毛泽东提出的社会教育原则是遵循群众需要与自愿。过去一些冬学效果不好，学生经常逃课、请假，甚至雇人上学等现象的原因就是教条主义的教学方法不符合群众的需要。此后各地冬学按照群众意愿，按照群众的需要选择教学内容。而马克思主义理论属于外来理论，其抽象性、概念性的话语体系，对于文盲居多的陕甘宁边区农民来说不易理解，不能按照干部

---

① 《陕甘宁边区教育资料·社会教育部分》（下），教育科学出版社，1981年版，第329页。
② 教育科学研究所筹备处：《老解放区教育资料选编》，人民教育出版社，1959年版，第292页。

教育的教学方式开展农民理论学习。因而，需要探索适合边区农民水平的教学方法。

用群众乐意接受的讲故事等方法开展教学，是冬学能够办好的重要保证。三边分区"去冬各公派教员除教字外，还进行了卫生、时事、秧歌、政治思想教育，方式一般采用讲故事（历史的、现在的）、读报等。另外，部分地方教员也这样进行了，如吴旗的李维汉冬学、盐池二区吴文的冬学，都和读报、唱歌、讲故事相配合，而收到了很大的教学效果。"①戏曲、秧歌、说书等形式是陕甘宁边区农民喜闻乐见的娱乐形式，当然其中也包括对农民思想教化的目的。采用农民听得懂的语言和乐意接受的形式，在冬学中进行思想政治教育，将马克思主义艰涩的理论词句转化为农民的口语化、甚至俚语化的语言，正是马克思主义大众化的实践表达。

周而复在介绍陕甘宁边区社会教育时曾提到教员接地气的教学方法——拆字法。如教"告"字，教员将其拆分成上下两个字——上边是"牛"，下边是"口"。牛对农民来说非常熟悉，对耕地时牛尾巴一摇一甩的形象也感到很亲切。因而，教员对学生讲"告"就是"一口咬住了牛尾巴"。②严格来讲，将"告"拆成"牛"和"口"是不严谨的，但用农民熟悉的牛和口字来拆，适合了文盲占绝大多数比例的边区农民的实际情况，是一种适应农民的形象教学法，农民容易记住，达到了消灭文盲的目的，是将识字教育的一般规律与当地农民文盲多的实际相结合的创造性教学方法。陕甘宁边区政府1944年关于冬学的指示中，将拆字法作为经验推广。

在识字的方法上，现有的经验有"分合教字法"和"加笔画的教字法"。前者是把一个复杂的字拆成几个简单的字，如教员在教"合"的时候，将其拆成"人、一、口"三个字，合起来就是"合作社的合"。后者是先学习一个简单的

---

① 《三边分区专员公署1944年冬学工作总结》（1945年），榆林市档案馆馆藏档案，档案号（0006-01-0305-0001）。

② 《陕甘宁边区教育资料·社会教育部分》（下），教育科学出版社，1981年版，第266页。

字，再增加笔画成为其他复杂的字。如先学"一"字，逐渐增加为学习"二、三、王、主、羊"等字。①从这个经验介绍可以看出，无论是拆字还是增加笔画所涉及的单字，都是农民日常生产、生活所熟悉的事物，易于将具体的形象和所学的生字联系起来，便于记忆。佳县响石区一冬学教员亦采用此方法教学，对于比较难认难写的字也采用拆字法教学。例如"灵"字可以解为"雨"字三个"口"和巫神的"巫"，教员"顺笔写在黑板上，使学生容易克化"②。其中"克化"二字是典型的农民口头语言，教员不但采取形象的教学方法，而且采用农民口头语言，让农民感觉教员和群众都是一家人，没有距离感，将一个难认的"靈"（即"灵"的繁体字）字，通过农民日常生活中常见的"雨""口""巫"三个字结合在一起，就容易辨认了，形象的教学方法达到了扫盲的目的。

延安市新市场第九读报组教员在教学中亦采用形象教学法，用农民熟悉的物品进行日常生活物品学习，如"教桌子就画桌子；斧头就拿实物示范；小米的米字则据字形画成谷草的形状，再说米字的写法；或把字写在实物上"③。以前私塾先生用"溜口歌"的方式开展儿童识字教育，一遍一遍读，当场能记住，但所学生字与儿童生活实际有一定距离，忘记的也快。而采取正规化教育的教员提出的识字要会读、会写、会记、会认的要求也有些高，会挫伤一些群众识字的自信心。而这种拆字法、形象教学法则以农民日常生产、生活中常见的形象与所学的字词相联系，印象深刻，容易记住，适应了群众的需要，是推动文教大会后边大群众教育取得成效的重要因素。

三、马克思主义理论的大众化传播

中国共产党及各解放区政府开办冬学除通过识字教育扫除文盲外，更重要

---

① 《陕甘宁边区教育资料·社会教育部分》（下），教育科学出版社1981年版，第197页。
② 《佳县政府关于1948年冬学教育工作情况的报告》，榆林市档案馆馆藏档案，档案号（0006-01-0649-0005）。
③ 《陕甘宁边区教育资料·社会教育部分》（下），教育科学出版社1981年版，第298页。

的目的是开展政治教育，提高农民的政治觉悟、民族意识和对敌斗争技术。在课程设置上政治教育课程占有相当大的比重，传播马克思主义理论也是冬学运动的应有之义。如何将马克思主义的理论向不识字、更对国际共产主义运动一无所知的农民讲清楚，就不得不采取通俗易懂的"接地气"教学方法，实现马克思主义大众化。

1. 鲜活生动的传播马克思主义阶级理论

"至今一切社会的历史都是阶级斗争的历史"①，阶级和阶级斗争观点是唯物史观的基本观点，马克思主义的阶级分析方法是认识阶级社会的科学方法。社会主义社会本质上不是阶级社会，但由于历史和现实、国内与国外各种因素，阶级斗争在一定范围仍存在，因此分析问题时需要用马克思主义的阶级分析法。

马克思主义认为"当文明一开始的时候，生产就开始建立在积累的劳动和直接的劳动的对抗上。没有对抗就没有进步。这是文明直到今天所遵循的规律。到目前为止，生产力就是由于这种阶级对抗的规律而发展起来的"②，中国共产党领导的农民革命就是要推翻封建半封建阶级在中国的统治，建立共产党领导下的各革命阶级联合专政的新民主主义社会，进而进入社会主义社会。

划分阶级成分是中国共产党领导农民开展土地改革的基础，通过冬学等社会教育让农民了解马克思主义的阶级观点，是冬学运动政治教育的重要任务之一。1947年陕甘宁边区政府教育厅指示，"土地改革是今年一切工作的中心，教育工作，应与这一运动密切配合起来。""各学校及社教组织，应配合这一运动，进行广大深入的社会宣传。如学校多教农民翻身的歌子，黑板报多登土地改革的故事，秧歌队多编农民翻身的剧本等。"③冬学运动和冬季征粮征草、减租减

---

① 《马克思恩格斯文集》第2卷，人民出版社，2009年版，第31页。
② 《马克思恩格斯全集》第4卷，人民出版社，1958年版，第104页。
③ 教育科学研究所筹备处：《老解放区教育资料选编》，人民教育出版社，1959年版，第127页。

息、拥军优抗等活动相结合，教员编写减租减息等与中共政策相关的辅助教材，让群众讨论谁家该征多少粮，或者地主该给谁家减多少租等。一冬学教材以三字经这种传统识字教育的方式宣传共产党、国民党的阶级本质——"国民党，行特务，害国家，害民族。共产党，讲民主，救人民，打日本。"①对文盲占绝大多数的农民来讲，通过冬学教材中的两句话，简单明了、旗帜鲜明地让学生理解国共两党在抗日战争进入相持阶段以后的现实表现，宣传了马克思主义的阶级观，让农民群众理解共产党是代表中国劳动人民的利益这一阶级本质。

  抗战时期中共为了团结地主抗日，在土地政策上实行了减租减息政策，但农民受传统封建文化的影响，认为土地是地主的，农民租种地主土地给地主交租是天经地义的。因而不敢减租，甚至配合地主"明减暗不减"。通过冬学宣传党的政策，向群众宣传地主压迫农民是导致农民贫困的根源，地主减租减息是理所应当的，打消了部分农民不敢减租的心理。"接着冬学配合新政权开展减租斗争。有个别农民知道地主和敌人相勾结，怕减了租敌人再来，受地主的害，冬学教员就从敌我力量对比上，地主反动的前途上，群众的团结的力量上，教育了这些群众。结果群众发动起来了，向四户地主进行了减租斗争，解决了过去明减暗不减的问题"。"一般说来，去年冬学对群众思想上的教育和提高，主要表现在群众自觉的组织起来进行减租斗争，打破了过去对减租的不正确认识和种种顾虑"。②农民开始认识到地主是因为农民租种土地才发财的，穷人的命也不是上天注定的，只要组织起来就能翻身。

  冬学既是识字教育，也是政治教育，冬学教员通过大众化的语言、形象通俗的教学方法，让群众知道了地主和农民的区别，增强了对敌斗争观念，马克思主义阶级观念逐步大众化为群众的阶级自觉，推动了减租减息运动取得实效。"特别是经过冬学的教育，群众都能比较深刻地领会政府的法令政策，因此像斗争不法地主常九如等都取得了胜利。西峪村佃户在冬学里开了脑筋，能看清地

---

① 孙晓忠、高明：《延安乡村建设资料》（三），上海大学出版社，2012年版，第451页。
② 孙晓忠、高明：《延安乡村建设资料》（三），上海大学出版社，2012年版，第351、353页。

主兼高利贷者杨作栋的不法行为；下寺头佃户就在冬学里组织起来，要求地主郭绪令减了租。"①神府县万镇冬学起初搞得不起劲，后来将减租减息在冬学中讨论，马上就参加的人达五六十名，结果有退约户12户，退出约304张，作废白洋8678.6元，黑豆54石，麦子10石，羊34只。所以在万镇的街上，经常听到老百姓说："我的几张揭约，已经在冬学里讨论的抽出来了。"②在冬学中讲授中共减租减息政策，不仅让来自于农村生产劳动的农民听懂了政策，更推动他们在实践中将减租减息政策切实贯彻。农民获得了实在的利益，对共产党在感情上更加认同。

阶级的概念是外来词语，传统乡村社会中没有地主和农民的观念，一些地主用宗族、乡邻等温情脉脉的话语掩盖了阶级斗争的残酷性。通过冬学政治教育，一些群众提高了对敌斗争的警觉性——"例如（神府县）大坪的村干部经讨论了公民课本后，他们说：干部、民兵都要参加冬学，识不会多得，少得也学会些，特别是路条子上的字要学会，不然特务奸细混到我们这里来，我们连真假条子也认不得。"③靖边县长城区一乡地处国共边界，又靠近大路，检查路条是群众的一项重要工作。该教员编写了一首"锄奸歌"，教群众辨认路条的认法和写法，并让学生抄到村上的黑板报上，在群众中推广。④冬学教员张望冬学识字不仅是扫盲教育，也是政治教育，阶级斗争观念在农民思想中开始扎根。

2. 自编歌曲讲故事传播马克思主义劳动观

马克思主义认为，"劳动是整个人类生活的第一个基本条件"，"劳动创造了人本身"⑤，因此人是在劳动过程中实现自我价值，完成人自身的发展，人民群众是社会物质财富与精神财富的创造者。传统社会中陕北农民把参加农业劳动

---

① 《去年冬学中的一点经验》，《新华日报》（太岳版）1945年4月29日。
② 《神府县1945年冬学工作总结报告》，榆林市档案馆藏档案，档案号（0006-01-0797-0002）。
③ 《神府县1945年冬学工作总结报告》，榆林市档案馆藏档案，档案号（0006-01-0797-0002）。
④ 《陕甘宁边区教育资料·社会教育部分》（下），教育科学出版社，1981年版，第260页。
⑤ 《马克思恩格斯选集》（第三卷），人民出版社，2012年版，第988页。

称作"受苦",农民自称为"受苦人",而且认为农民受苦是天经地义的。在农民的认识中,农民生产劳动是没有办法的谋生手段,农民的身份是卑微低贱的。然而马克思提到过"整个所谓世界历史不外是人通过人的劳动而诞生的过程"①,农民和工人阶级在中国共产党的带领下创造了无数段历史佳话,农民和工人阶级是物质资料的生产者,也是人民群众中最坚实、最可靠、最稳定的群体。

在冬学运动中,为了让学员认识到农民和工人阶级作为劳动者的重要性,培养学生的劳动观点,继而增强对剥削阶级本质的认识,延安杨家湾小学教员以学生一天三餐的菜、黄米、白面等"来说明劳动是世界上第一等重要的事,工人农民是世界上第一等重要的人,没有他们,大家就活不成、吃不成、穿不成,所以最光荣的也是劳动和劳动的人。"②冬学教员一方面教学生学会记账、认路条等实用文字,同时"教员和学生一同进行生产,而且要学生回家时也帮助家庭生产。"③冬学教员用发生在群众身边的例子说明劳动的重要性和作为劳动人民的自豪感,以小学生能听懂的方式讲清楚了马克思主义关于农民、工人阶级的劳动人民阶级属性的观点,将抽象的马克思主义以大众化的方式在冬学中传播,既推动群众对自己劳动者身份的自信,也增强了大生产运动以支援抗战的积极性。

秧歌、信天游是陕甘宁边区农民喜闻乐见的娱乐形式,冬学教员通过自编教材或把农民自己编写的歌词当作课堂学习内容,用形象的语言称赞劳动光荣,对农民起到了潜移默化的影响。靖边县一冬学两学生对对联,一个写"男男女女齐生产",另一学生对"家家户户无闲人"④这并非冬学课本或者教员自编辅助教材中的内容,而是上过冬学的学生写的对联,其中清楚表明了群众对劳动的观念发生了变化,认为人人都应该参加生产劳动,这是冬学运动将马克思主

---

① 《马克思恩格斯全集》(第三卷),人民出版社,2002年版,第310页。
② 《生根和提高中的杨家湾小学》,《解放日报》1945年10月7日。
③ 孙晓忠、高明:《延安乡村建设资料》(三),上海大学出版社,2012年版,第376页。
④ 《陕甘宁边区教育资料·社会教育部分》(下),教育科学出版社,1981年版,第261页。

义劳动观大众化并内化为群众的价值观的生动体现。

关中中心区青年农民张金喜编了一首"四季歌",被该村冬学教员作为辅助教材。"春季里来哟地气阳,开荒下籽真正忙;你有牛马我有人,大家变工有力量。哎咳哎咳哎咳哟,大家变工有力量。夏季里来哟庄稼青,糖将班子把地增;大家锄地来竞赛,看谁争先当英雄!哎咳哎咳哎咳哟,看谁争先当英雄!秋季里来哟庄稼黄,大家变工秋收忙;收回担回赶快碾,装在囤里心才安。哎咳哎咳哎咳哟,装在囤里心才安。冬季里来哟农事闲,延安政府派教员;冬学到处大家办,男女老少把书念。哎咳哎咳哎咳哟,男女老少把书念。"①这首由农民自编的"四季歌"与农民生活息息相关,既反映了农民一年四季农业生产的内容,也宣传了中国共产党抗战时期的农业大生产政策——鼓励变工将农民组织起来以提高农业生产力,也响应了共产党树立劳动典型以引导社会风气的倡导,还动员了农民上冬学念书识字的号召。将这样的歌曲变成冬学的教材,符合群众的需要,因而既能让农民识字,又宣传了抗战时期党的政策,提高农民政治觉悟,使农民群众潜意识里增强了对中共战时农村政策的理解、赞同和支持,是冬学运动期间马克思主义大众化的生动地方教材。

劳动者光荣的观念通过冬学歌曲、秧歌等形式影响了农民,也改变了二流子不务正业的社会风气。1945年神府县"由冬学内改造了二流子三七个,如六区沙坪寺冬学吸收了两个二流子,在冬学内一面识字,一面改造。在开学的半个月内,已识会字三十几个。万镇冬学教育了二流子马希国等,自己订出戒除烟瘾的办法等。"②虽未见该冬学如何将劳动者光荣的马克思主义劳动观讲给群众,从结果来看,冬学确实起到了教育农民、改造二流子、戒除烟瘾等不良社会现象的作用,自然是他们接受了不务正业为公众所痛恨、接受了劳动光荣的观念,自愿参加生产劳动。

---

① 教育科学研究所筹备处:《老解放区教育资料选编》,人民教育出版社,1959年版,第292页。

② 《神府县1945年冬学工作总结报告》,榆林市档案馆馆藏档案,档案号(0006-01-0797-0002)。

3. 用群众身边的例子传播马克思主义群众观

马克思主义经典作家提出了"人们自己创造自己的历史"①，人民群众是社会历史的主体，是历史的创造者。人民群众在社会历史发展中起到决定作用，是社会物质财富与精神财富的创造者，是社会变革的决定力量。群众观点是马克思主义的基本观点，群众路线是我们党的工作路线。"人民群众是历史的创造者"的观点是划分唯物史观和唯心史观的分水岭，是区别真假马克思主义政党的试金石。中国共产党将马克思主义群众观与中国实际相结合，将全心全意为人民服务作为中国共产党的根本宗旨。通过延安时期的整风运动，群众观点成为中国共产党各项工作的出发点和落脚点。

马克思主义的群众观点这一哲学问题如何用通俗化、大众化的语言让群众所理解，并成为群众日常生产生活实践的指导思想，并内化为群众行为方式的准则和价值观。这是马克思主义基本理论大众化必须解决的问题。对于延安时期的群众教育而言，教员要用通俗易懂的话语让群众听明白什么是人民群众在历史、对敌战争以及生产生活中的地位和作用，从而增强农民的文化自信心。

坚持马克思主义群众观，首先要尊重群众、相信群众。冬学教员在动员的时候，用自身行动践行着群众观。1944年文教大会前，一些区、乡基层干部在冬学运动中，用强迫命令的方式动员农民上冬学，群众不满意是必然的结果。文教大会确立了尊重群众需要与自愿的原则后，一些基层干部担心如果完全靠群众自愿可能很多冬学就垮台办不起来了。关中分区淳耀县六区四乡干部听到自愿与需要的原则后表示，"如果要自愿，管保没有一个念书的。"来自延安中学的学生小林作为该村冬学教员在听到基层干部的反对声音后，也有些着慌，但并没有放弃，而是相信群众有上冬学的需要，并立下决心"非把他们说服不可"。"要取得农民的信任，不是用空话，更要用实际行动做给他们看"。于是，他看

---

① 《马克思恩格斯选集》（第一卷），人民出版社，2012年版，第669页。

见那里脏了就主动扫地，看到群众锄草就帮助锄草。通过实际行动取得了农民的信任，群众普遍反映"这教员可能受苦呢！"冬学终于办起来了。①尊重群众、相信群众的信念，是小林教员能成功办好该村冬学的关键，通过冬学也将马克思主义群众观用亲身经历展现给群众，增强了群众对自身地位和力量的感性认识。"各地冬学教员吃苦耐劳，联系群众的优良作风，尤为群众所称道。"②

冬学教员尊重群众的主体性和创造性，不仅获得了群众的信任办起了冬学，而且在冬学运动中教育学生要走群众路线，将马克思主义的群众观和中国共产党的群众路线融入冬学识字教育中。"在这次文教大会上，各地就涌现了许多知识分子的模范工作者。他们因为搞通了思想，真正有了为群众服务的决心觉得为群众服务是一个人的光荣事业。自己有了这样的决心，和群众格格不入的障碍打破了，自然得到群众的欢迎爱戴。"周而复在《人民文化的时代——陕甘宁边区文教运动的成果》一文中以陶小姐的例子来说明冬学运动中宣传马克思主义群主观的效果。陶小姐"过去她是一个十足的小姐，什么工作也做不好，自从她了解了要为群众服务，要和群众结合，摆脱了小姐的架子和生活习惯，从生活上和群众打成一片，给群众扫地，给群众看病（她为了接近群众，给病人看病，她特别去学了一些初步卫生治疗知识），这样推动了卫生运动，使那个村成为卫生模范村。"③各地冬学教员践行着马克思主义的群众观，得到群众认可，使得群众观深入人心，增强了群众对中共的政治认同，为夺取新民主主义革命的胜利奠定了群众基础。

结　语

理论一旦被群众掌握，将爆发出巨大的生命力。通过大众化马克思主义常

---

① 《陕甘宁边区教育资料·社会教育部分》（下），教育科学出版社，1981年版，第197页。
② 《关中冬学的发展》，《解放日报》1944年1月17日。
③ 周而复：《人民文化的时代——陕甘宁边区文教运动的成果》，《群众》1945年第10卷第3、4期。

识的学习，农民对劳动人民光荣的信念树立起来了，在经过减租减息、大生产运动、土地改革实现经济上的翻身之后，通过冬学也实现了文化上的自信，对党的政策也更加理解和支持，通过参军参战或支前等方式支持中共领导下的抗日战争和解放战争。如此来看，陕甘宁边区的冬学运动通过大众化的教员，编写本土化的辅助教材，采取灵活的适合农民需要的教学方式，推动了马克思主义的大众化，也为新民主主义革命动员农民起到了积极的作用。其经验在新时代背景下开展农民社会教育亦有一定的参考价值。

抗战时期陕甘宁边区农村的生育变革
——以陕北米脂县为中心的考察

抗战时期和中华人民共和国成立初期，陕甘宁边区推行的生育改革是近现代史研究一个新热点，出现了医疗社会文化史的研究视角。除历史学外，社会学和人类学以田野考察和口述访谈的方式，让曾经消失了的社会底层群体重新发声，底层群体研究资料匮乏的问题得到一定程度缓解，记忆史也成为历史学、社会学、人类学等多学科交叉融合的领域。底层群体，如陕北的"受苦人"和妇女的婚姻与生育研究成为陕甘宁边区研究和近现代陕西农村社会研究领域一个新的学科生长点。秦燕、岳珑合著的《走出封闭：陕北妇女的婚姻与生育，1900—1949》以大量口述资料为基础，将妇女的视角贯穿于整个研究之中，对20世纪上半叶陕北妇女生育做了较为全面的论述。美国学者贺萧利用她和合作者高小贤在关中、陕南农村进行长时期田野考察得到的大量口述资料出版的《记忆的性别：农村妇女和中国集体化历史》，对建国后尤其是集体化时代的关中、陕南农村妇女生育，对新法生育改革和旧接生婆的改造进行了细致入微的描述和分析。这两部专著是目前国内外学界研究建国前中共在陕北老解放区和建国后在陕西关中、陕南新解放区推广新法生育改革的扛鼎之作。郭于华在《受苦人的讲述：骥村历史与一种文明的逻辑》也以专门的篇幅论述集体化时代妇女的生育之苦，从"受苦人"的角度讲述妇女的生育问题。李巧宁、陈海儒合著的《陕西农村妇女的日常生活（1949—1965）》以"生育：传统与现实之间的纠结"为一章标题，专门分析了民国时期陕西的生育环境以及1949—1965年国家的生育政策，重点介绍了中华人民共和国成立初期中共推行的新法生育改革。除秦燕、岳珑外，其他几项研究侧重于建国初期和集体化时代陕西农村妇女的生育问题，对中共在延安局部执政时期推行的生育改革大多只作为历史背景进行交代，专题研究还有深入的必要。而陕北因地理环境和经济、文化不同于关中、陕南，其生育也有独特的方式。因此，本文拟在学界现有研究成果的基础上，利用《解放日报》、档案和口述访谈资料，探讨中共在陕甘宁边区推行的新法生育改革，分析陕北生育方式在革命战争与社会转型历史条件下艰难变迁的社会经济因素，以及中共在当地推行新法生育改革的策略。

一、"坐灰""血迷"："受苦人"的生育记忆

陕甘宁边区僻处西北黄土高原腹地，交通不便，信息闭塞，经济文化十分落后，以至于在现代西方医学传入中国一个世纪后，陕甘宁边区依然母婴死亡率居高不下，不仅不利于妇女健康，而且危及抗战时期人口的繁衍。

关于陕甘宁边区婴儿高死亡率，李鼎铭在陕甘宁边区二届参议会第二次大会上的报告中指出，"某些地区，婴孩死亡率达百分之六十"①。虽然李鼎铭没有提及具体地方，但考虑到如此严肃的参议会工作报告中使用的数字应该是经过调查所得，而调查的地方大概是他生活或者工作熟悉的地方。因此，笔者翻阅李鼎铭出生并长期生活的老家米脂县档案，发现该县1944年关于卫生保育方面的档案中有这样的记载：卧羊川二乡"今年共生了一百一十六个小孩，但病死了就有七十人，婴儿死亡率达百分之六十。"②笔者曾于2015年7月、2016年

---

① 李鼎铭：《文教工作的方向——在陕甘宁边区二届参议会第二次大会上的报告》，《解放日报》1944年12月10日。

② 《米脂县卫生保育概况》（1944年10月15日），米脂县档案馆馆藏（0011-1-3）。

5月在米脂县杨家沟村进行口述访谈,所得数据与李鼎铭报告以及米脂县档案的数据基本一致。该村妇女郑桂兰回忆,母亲一共生育子女13人,仅成活了7个。该村村医巩东平回忆,母亲生育子女15个,只成活了6个,最早出生的几个都没有成活。长期在骥村(即米脂县杨家沟村)开展田野调查的郭于华教授的一个访谈对象在谈及生育问题时说道:"我今年八十一了,十六岁结婚。……二十岁上生的大小子,四、五岁当差(出天花)死了,第二个娃娃五天就死了,第三个、第四个都没务养(养活)下。一共生了九个,只活了四个,只有一个女子(女儿)。"①郭于华教授访谈的时间是1999年,访谈对象应该出生于1918年,1938年生的第一个孩子在1942年或1943年夭折。第二个孩子出生只有五天就死了。她一共生了9个孩子,其中死了5个,死亡率高达56%。综合以上档案和口述资料可以看出,杨家沟村婴儿死亡率基本上在46%—60%之间。高达60%左右的婴儿高死亡率不仅发生在米脂县,延安市南区南郊乡韩家窑子村婴儿死亡情况也十分严重,该村共18户人家,在所调查的11个妇女中,"共生过孩子四十八个,死二十九个,占百分之六十点四。"②这样的婴儿死亡率远远超出了当时的全国平均水平,在世界上其他地方也很难找到,难怪1944年陕甘宁边区在延安举办的卫生展览会上得出了"边区的生育率占全世界第一位,死亡率也占第一位"的结论。③由于缺乏其他资料做比较,可能世界第一的说法不太准确,但婴儿死亡率远远高于平均水平的结论绝无夸大的嫌疑。

陈忠实小说《白鹿原》中的主人公白嘉轩共娶过7个妻子,除了最后一个妻子仙草外,前边六个要么是因病而死,要么是因生育而死,其中第一个妻子死于难产,第六个是因小产而死。小说是虚构的,但故事来源于现实。这个故事的发生地作者定位在西安东郊的白鹿原,还算是经济条件较好的农村。处于

---

① 郭于华:《受苦人的讲述:骥村历史与一种文明的逻辑》,香港中文大学出版社,2013年版,第46页。
② 冯秉姗:《韩家窑子村妇孺卫生调查》,《解放日报》1944年6月24日《卫生副刊》第57期。
③ 张潮:《结束愚昧迷信的生活——在卫生展览会上》,《解放日报》1944年8月11日。

陕甘宁边区腹地山区的妇女在那个年代确实经历过"人生人、吓死人"的真实情景，要么接生时孩子没法成活，要么产妇死于非命，母婴死亡率极高。关中分区新正县合作社主任张清益在村上专门创办了一个接生训练班，培训村里的妇女干部、积极分子和"老娘婆"①学习新法接生。"我为啥想起办接生训练班呢？"张清益道出了原委——由于接生方法不当，常常因为生娃娃而导致产妇和婴儿死亡，虽然农民的经济生活比抗战前提高了，但母婴高死亡率让农民觉得日子过得不美，因此邀请在陕甘宁边区采用新法接生非常有影响的王二嫂传授新法接生技术。为了证明他的观点，张清益还列举了自己的真实例子："我家弟兄四个，前前后后娶了五个婆姨，到现在还有三个光棍汉！这为啥呢？这是因为婆姨生娃娃死了。"②那个时候，边区人口中，女人哪怕身残疾都能嫁人，但男人打光棍的很多，原因不仅仅是很多男人因为穷娶不起婆姨，还有一个重要的原因就是即使娶了婆姨的男人也有可能还要打光棍，因为婆姨难产死亡的几率相当高。当然，因为经济条件的因素，边区普通农民无法像白嘉轩一样在死了婆姨以后还能一直娶。

面对如此高的母婴高死亡率，曾经多次经历生育这一生死之门的陕北产妇记忆里的生育是怎样的？她们认为是什么原因导致母婴高死亡率的？她们是如何看待生育的？笔者2015年夏天、2016年5月在米脂县杨家沟开展的口述访谈中，她们记忆最深刻的两个词是"坐灰"和"血迷"。

郑桂兰：我娘家在绥德，离这里20里地，家里种地。山上到处扔死孩子，狗经常叼死孩子吃。22岁嫁到了杨家沟，当时"亚洲部"住在杨家沟，我想跟"亚洲部"走，父母不让。娘家妈一满（总共）生了13个，活了7个。有一个弟弟当时只有4岁，爬到树上打枣，听到大人叫他（下来），从1米多高的枣树上掉来下，（头上）碰了一个小伤口，血流不多，就死了。没钱看病，也没有医生，就死了。娘家妈生下三女子（郑桂兰是二女）不准备抚养，没啥吃，被二

---

① 陕甘宁边区农民对接生婆的称呼。
② 张清益：《我怎样办接生训练班和民办学校》，《解放日报》1944年7月9日。

哥骂了一顿，才养了下来。

生孩子和要命一样，娘家三嫂子生娃娃后大出血，用土办法"揪头发""醋熏"的办法都不行。她比我大4岁，开头生的两个一满没活，第三个保住了，三嫂子"血迷"死了。人生人，吓死人，生娃和打仗一样。

姐姐坐月子大出血，（用）醋熏，二哥不让用醋熏，打开窗子，才救活了，要不就熏死了。二哥念过冬学，认识几个字。①我生下头一个孩子后，坐了半天，已经很好了。

我生了6个儿子，死了一个，没生下来就死了。难产，胎位不正，腿下来，生不出来，死了。生第一个孩子后，7天尿不出来，听说桃镇有八路军的医疗队，（家人）请来了医生（给我）排尿，（我）尿了半盆子血，排出了胎盘，才好了。要不然迩刻（现在）也就活不下来了。第一胎是婆婆接生的，用手在产道中往出来（往外拉），（导致我）阴道都肿胀了。以后（几个孩子）都是自己生的，没有人帮忙接生。第一胎用坐灰方式，生孩子害怕，坐了一晚上。（那时候）打坝冻伤了脚，手脚麻，以后生罢孩子不能马上干活。怀孕（怀大女儿）时干了重活，生时不足月。二女生的时候，站起来生，孩子掉到地上，受了震了，还是生孩子的时候害怕。第二胎生的时候，用灰，用布袋子装灰，拿一个黄军大衣面子做的布袋子。第三胎的时候用老汉（丈夫）买的草纸垫在身下渗血，（可是草纸）很扎。姨有工作，有文化，姨在百货公司给买的卫生纸（垫在身下渗血）。躺下生，老汉（丈夫）给剪脐带，用高粱杆（剪），（孩子）生出来放在盆子里洗，用花椒水洗了。以后生的孩子都是老汉（丈夫）给接生的。姨在百货公司上班，能买到卫生纸，再不坐灰了。其他人有没有坐灰，一满（完全）害不哈（不了解）。生了娃不让睡觉，就是害怕大出血，娘家三嫂子就是生娃后大出血死了，血迷。生娃后睡着了，没人照看，（要是）睡着了，身下还在出血自己也不知道，血迷死了。②

---

① 笔者于2015年7月29日在米脂县杨家沟村访谈郑桂兰（1929年出生）。
② 笔者于2016年5月1日在米脂县杨家沟村访谈郑桂兰（1929年出生）。

郭于华认为，"乡村中普通农民的历史是苦难的历史，是在苦难中求生存的历史，也是为挣脱苦难而斗争的历史。"然而，由于精英掌握着表达权、话语权、解释权，甚至他们可以控制社会事实或改变历史记录，因而普通底层无名者的历史在传统史学中是缺位的。正如郭于华在书名中使用的"受苦人"的概念，当地农民直到现在还称自己是"受苦人"。"在当地的语言中，'受苦人'专指在田里'做生活'的人，这是约定俗成、不会产生任何歧义的地方性定义。"①除了与陕北男人同样受生活之"苦"，陕北妇女还要承受孕之苦、生之痛，而且经常因为生孩子而丧命，她们所受的苦更加沉重。在这些女性"受苦人"的记忆中，生一次孩子往往等同于走一遭鬼门关，"人生人、吓死人"是他们在经历生死体验之后的质朴表达。而"血迷"和"坐灰"是她们对生孩子最深刻的记忆，尤其是"血迷"是她们对生育最令人恐惧却又难以解释清楚的复杂记忆。然而，妇女生育之苦，男人尤其是书写历史的精英们所无法体会，然而这些女性"受苦人"对其所讲述的"苦"也无从归因，似乎仅仅因为她们是女人、是妻子、是母亲，她们就注定要受缠足之苦、生育之苦、劳作之苦和地位低下带来的种种苦难，她们的苦因而似乎是与生俱来、命中注定的。②到底是什么原因导致陕北产妇和婴儿高死亡率？"血迷"是怎样引起的？"血迷"到底怎样威胁着产妇的生命？妇女生产为什么要"坐灰"？为什么产妇生完三天三夜不允许睡觉，而要坐呢？灰土是导致母婴高死亡率的元凶吗？这些都是了解陕北传统妇女生育问题所需要急切了解的问题。

二、"四六风"：传统断脐方式与婴儿死亡

导致婴儿死亡率高的原因很明显，就是传统生育方式中的断脐带方式没有

---

① 郭于华：《受苦人的讲述：骥村历史与一种文明的逻辑》，香港中文大学出版社，2013年版，第46页。
② 郭于华：《受苦人的讲述：骥村历史与一种文明的逻辑》，香港中文大学出版社，2013年版，第36页。

经过消毒处理，使细菌通过新生儿脐带入侵导致破伤风死亡，当地人称之为"四六风"或"噘口"。四六风，即脐风，是新生儿破伤风的俗称，发病多在婴儿出生后四天至六天。傅连暲在《群众卫生工作的一些初步材料》中分析新生儿死亡原因时指出，"娃娃的死亡较多，死亡原因大多数是四六风。"之所以将四六风引起的新生儿死亡归因于不消毒的断脐带方式引起的，他分析说，"娃的脐带是用嘴咬断的，或是桃秫（高粱）杆或碎瓦片割断的"。①使用瓷片、碎瓦片、高粱秆等未经过消毒处理的工具割断脐带方式，使破伤风杆菌自有创伤的脐部侵袭新生儿神经系统。起初婴儿嚎叫不安，继而发烧、嘴不能张大、吃奶困难、咽不下奶，最后发生肌肉痉挛（抽疯）、呼吸困难，最终导致新生儿死亡。

徐特立也指出了这种不经过消毒的割脐带方式与新生儿死亡之间的必然关系："乳儿的死亡率，在北郊乡也是惊人的数目。例如三十四个婆姨所生的儿子，得脐风而死的，就有三十四个，平均每一个婆姨就有一个儿子得脐风而死。由于剪脐带的工具是用破磁片、破高粱杆、剪子，或用齿咬，所有这些工具都没有经过消毒。"②在韩家窑子村婴儿死亡原因调查中发现，"韩家窑子二十三个死娃中因抽疯、噘口而死的（都是脐带病）便有六人，占全数的四分之一弱。"③这也是该村婴儿夭折最主要的原因。笔者在米脂县、绥德县和佳县的田野考察中，也多次听到曾经历过旧法接生的老年人回忆，割脐带所用的工具多是乡间常见的碎瓦片和高粱秆。由于不消毒，导致细菌从新生儿脐带感染，最终导致婴儿死亡。"断脐带是定娃的命，断的好，娃娃壮又巧，断的不好，娃娃多病，有的连命都送了。"④庆阳民教馆一针见血地指出剪脐带对于新生儿的重要性。

另外，接生人员在接生时不洗手、不消毒也是导致新生儿脐带破伤风的致命因素。陕甘宁边区地处黄土高原腹地，其中米脂、佳县北部毗邻毛乌素沙漠

---

① 傅连暲：《群众卫生工作的一些初步材料》，《解放日报》1944年4月30日《卫生副刊》第54期。
② 徐特立：《卫生展览会的重要意义》，《解放日报》1944年8月13日《卫生副刊》第58期。
③ 冯秉姗：《韩家窑子村妇孺卫生调查》，《解放日报》1944年6月24日《卫生副刊》第57期。
④ 苏仁：《庆阳民教馆文化棚的妇孺卫生宣传》，《解放日报》1944年10月28日。

南缘，属干旱地区，全年降水量稀少，气候干燥，水资源比较贫乏。正因为水十分珍贵，天天洗手洗脸的现代生活方式对陕北农民来说实在太浪费，因而人们没有饭前便后洗手的习惯，即使在接生时也不刻意洗手。接生婆藏着黑垢的指甲成为陕北接生婆的标志，如时人对接生婆做这样的描绘——"接生婆的手，长的又长又黑的指甲，接生时也不洗手。"①破伤风梭菌是引起破伤风的病原菌，大量存在于人和动物肠道中，由粪便污染土壤，在土壤中可存活数十年。农民长期接触土地，手上沾染有破伤风杆菌也是正常的事情。当然，破伤风梭菌是厌氧菌，在一般伤口中不能生长，伤口的厌氧环境是破伤风梭菌感染的重要条件。一旦身体出现窄而深的伤口（如刺伤），有泥土或异物污染，或大面积创伤，均易造成厌氧环境。而接生婆用未经消毒的碎瓦片、高粱秆等隔断脐带的时候，就造成了新生儿脐部的较深创口，接生婆的手未经消毒，使已经沾染上的破伤风杆菌就通过脐带入侵新生儿神经系统，导致破伤风。在一个名叫《养娃娃的拉洋片》的唱词中，清楚地显示了旧法接生条件下接生婆的双手与新生儿四六风致死的关系："注意来看这一片，旧收生婆接生真是危险，叫生娃的婆姨坐在灰土上，收生婆，手不洗，指甲不剪，手伸进去掏娃娃头，哎！产后风的病根种在里边。娃娃的脐带她用指甲撕断，使娃生了脐风病，一命丧黄泉！"②接生婆用未经消毒的指甲撕断了新生儿的脐带，导致新生儿感染四六风死亡，同时用未经消毒的手伸进产妇产道去帮助生产，也是引起产妇产后妇科病的重要原因，甚至也是导致产妇死亡的元凶之一。因此，冯秉姗在调查延安韩家窑子村妇婴卫生问题后认为，"用合乎卫生的科学方法剪脐带，应该普遍地教育妇女。"③中共推行的新法接生最重要的一个特征就是剪脐带要消毒。

四六风是导致新生儿死亡最主要的因素，致病原因也很清楚，就是接生婆接生时双手未经消毒，使用瓷片、高粱秆等未经消毒的用具剪断脐带，甚至用

---

① 路岩：《张清益办接生训练班》，《解放日报》1944年10月28日《卫生副刊》第61期。
② 《养娃娃的卫生（拉洋片）》，《抗战日报》1945年4月4日。
③ 冯秉姗：《韩家窑子村妇孺卫生调查》，《解放日报》1944年6月24日《卫生副刊》第57期。

指甲掐断，或者直接用牙齿咬断，导致破伤风杆菌通过脐带侵入新生儿神经系统。虽然破伤风杆菌分布广泛，存活时间久，发病迅速，致死率极高，患病后无法防止，但预防办法也很简单，就是高温消毒。庆阳民教馆概括得非常简洁、准确——"煮剪子、蒸棉花"。①用棉花代替灰土垫血，固然更加干净、舒适，但不经济，农民不一定能够接受。但只要将剪子用开水煮沸，不但简便易行，消毒效果好，而且如徐特立指出的，"这种消毒方法并不难，或用开水煮，或用火烤，并不费钱。"②即使在现代医学条件下，预防新生儿脐带破伤风的办法仍然是高温消毒，将剪刀用火烧红或开水煮沸，冷却后或用2%碘酒涂剪刀待干后断脐即可。就是在经济条件落后的陕甘宁边区，开水煮沸或者用火高温烧烤剪刀后，即可预防破伤风的发生，不需要花费太多的钱，也不需要太复杂的设备，一般家庭都能实现。因此，中共中央、西北局与陕甘宁边区政府大力宣传割断脐带要消毒的新法接生办法，坚决取缔不消毒、不洗手的旧法接生。

但问题是如何对妇女进行宣传教育呢？当地妇女大多一生操持家务，很少参与公共事务，尤其是由于封建礼教的约束，一般人家都不希望儿媳妇出门抛头露面，大户人家的儿媳妇大门不出二门不跨，一般人家的儿媳妇也极少有外出的机会。但陕北气候寒冷，冬季较长，当地有冬学的传统，利用冬闲时节读书识字。中共中央、西北局和陕甘宁边区政府利用冬学的传统，大力发展妇女冬学，除读书识字外，还进行卫生知识教育。1944年边区文教大会关于边区教育方针的决议草案中强调，在"对妇女进行识字教育时，也应把卫生常识作为最主要的教育内容"③。文教大会后，在群众举办冬学的热潮中，创办了一批以妇婴卫生为主要内容的妇女卫生冬学。女教员以通俗的语言讲解新法接生、消毒、产后保养、经期卫生、育儿常识等；有的教员亲自操作示范如何进行接生

---

① 苏仁：《庆阳民教馆文化棚的妇孺卫生宣传》，《解放日报》1944年10月28日。
② 徐特立：《卫生展览会的重要意义》，《解放日报》1944年8月13日《卫生副刊》第58期。
③ 陕西师范大学教育研究所：《陕甘宁边区教育资料（教育方针政策部分）》（下），教育科学出版社，1981年版，第445页。

时的消毒，将新接生法画成挂图，增强知识的可视性；还有的教员将妇幼保健知识编成四字一句的教材，朗朗上口，易于理解和记忆。如镇原县刘家城妇女冬学请人画了6幅新法接生的挂图，教妇女做月经带，推广新法接生及婴儿护理。①卫生教育给妇女带来了实际的好处，让妇女认识到原来生孩子不是老天爷给的，孩子夭折也不是老天爷的惩罚，而是割脐带不消毒导致四六风而死亡，一种新的生育文化替代了原来听天由命的生育观念。

庙会是宣传新法接生的一个非常便利的场所。陕甘宁边区妇女只有在过年、过节有庙会的时候才能出门逛一次，因而中共中央、西北局和边区政府非常注意利用庙会的机会，用各种方法宣传新法接生。中央总卫生处编写的《王大嫂养胖娃》的小册子，宣传新法接生、妇女经期卫生等问题，受到了广大妇女的热烈欢迎。陇东分区庆阳县民教馆在1944年古历七月高庙乡三十里铺区的"香烟会"上，四天时间讲了十多次"王大嫂养胖娃"，经常围着听的总在三四十人以上，并且中途只有增加没有退出的。②

通过举办卫生展览会用挂图或实物的形式，讲解消毒对于降低婴儿感染四六风的重要作用，以直观的方式让不识字的妇女了解旧法接生和新法接生的优劣。在1944年延安卫生展览会上，白家坪有一位殷老婆，曾经养过十三个娃娃，因为采用旧法接生，用没有煮过的剪刀剪脐带，又用红线缝婴儿脐带，脏布包扎婴儿，结果导致十一个娃娃都"得风撩了"，即得了破伤风死了。她在看了新法接生和旧式接生的对比后，伤心地擦着眼泪，对讲解员说道："要是早解下这些道理，迩刻（"现在"的意思，引者注）这些娃娃都会好好活着呢！"③

延安市政府更是别出心裁地举办了健康婴儿比赛，让获得冠军的新生儿母亲以现身说法的形式告诉妇女群众新法剪脐带的好处。1942年四四儿童节期间，

---

① 陕西师范大学教育研究所：《陕甘宁边区教育资料（教育方针政策部分）》（下），教育科学出版社，1981年版，第217页。
② 苏仁：《庆阳民教馆文化棚的妇孺卫生宣传》，《解放日报》1944年10月28日。
③ 张潮：《结束愚昧迷信的生活——在卫生展览会上》，《解放日报》1944年8月11日。

延安市政府举办了一场特殊的比赛——"健康婴孩比赛",南区妇联主任左淑秀的三个多月大的婴孩得到了"甲"等,说明了他的皮肤、呼吸、五官、循环、生殖、消化六个系统都没有毛病。《解放日报》的记者采访其孩子健康的奥秘时,她说:"一点也没有什么稀奇,我只是依照了医生说的新方法带他罢了。"与当地旧法接生不讲卫生不同的是,她剪脐带不是用的高粱秆的篾片,也不是用瓦片,而是用烧红了的剪子剪开的,并且在一生下就给婴儿洗了澡,从没有给孩子吃过生硬的东西,夏天每天都洗澡。经过新法接生和科学养育,一百多天的孩子"身段肥肥的,脸像半熟的苹果。陕北老百姓中能有这样的孩子,不能不让人特别喜欢。"①延安市政府通过举办健康婴孩比赛的形式,推广新法接生和科学养育,其中重要的一点就是消毒与清洁,强调她给婴儿剪脐带使用的不是原来的高粱秆、瓦片,而是采用火烧消毒的方法,养出了一个当地老百姓羡慕的白胖娃娃。

由于四六风是广大群众熟知的引起新生儿死亡的原因,当他们得知致命的原因是断脐带未经消毒这么简单的道理后,而且消毒的办法也很简单,也不用花钱,所以很快就接受了以消毒为特点之一的新法接生。其实,在传统的陕北生育方式中,消毒的办法并不是没有采用过,而且还起到了一定的作用,就是利用草木灰和黄土垫在炕上消毒。

三、灰土消毒:陕北妇女传统生育的技术应对与经济考量

在陕甘宁边区传统乡村社会里,妇女社会地位尤其低下,陕北有"养儿抱蛋,缝新补烂,烧火做饭,门户照看"的说法,似乎妇女生来就是生儿育女、承担家务劳动,妇女也一直被认为是人口繁衍的工具。受封建统治思想的浸淫和艰苦岁月的长期磨砺,中国大多数农民信奉天命观,认为人的命早都由上天注

---

① 于令:《农村儿童断片》,《解放日报》1942年4月2日。

定的，生死有命，富贵在天。该地农民也一样，认为妇女怀孕、生育都是上天赐予的，或者与风水有关。"一个婆姨生七八个娃娃，有的一个也不得活，她们相信风水。""娃娃死了，怨命不好"。①在她们看来，家里的风水好，孩子才能健康长大成人。如不能顺利产下婴儿或者婴儿死亡，就被认为是上天的惩罚。在她们看来，生育是女性的天职，分娩就是天经地义、自然而然的，分娩是否安全是命中注定的事情，只好听天由命。所以，生育在当地被认为是一种经验行为，产妇也不需要特殊照顾，甚至大多数产妇分娩不需要接生婆，"女性普遍认为分娩跟月经一样羞于见人。因此，女性分娩时自接自生的现象很普遍，只有遇到难产才请接生婆，在山区更是如此。"②分娩时，由婆婆或者娘家妈帮助接生是非常普遍的现象，自生自接也不鲜见。这样一种长期稳定不变、被人们认为天经地义的生育方式演变成了当地独特的生育文化。

在陕北的传统生育文化中，"坐灰"或者"坐土"成为区别于其他地区具有标志性的分娩方式。陕北妇女即将临盆前，家人将炕洞中烧过的草木灰或者黄土用筛子筛过。分娩时，在炕上铺上草木灰或者黄土粉末，产妇坐在灰、土上采取坐式或跪式分娩。这就是被当地人称为"坐灰"或"坐土"的分娩方式。"在这一带，婆姨们生娃娃，都在炕底下双膝跪下生，如在炕上也是跪着生。产后在炕上铺些土和灰，要整整坐三天三夜才敢睡下。"③郑桂兰在讲述自己的生育史时，也多次提到坐灰，生头胎是坐在灰上分娩，生二胎的时候用布袋子装上草木灰，坐在袋子上分娩。第三胎及其以后的几胎再没有采取坐灰分娩的方式。在中共官方报道中，也经常提及"坐灰"这种生育方式。如《解放日报》1944年6月24日报道的《韩家窑子村妇孺卫生调查》专门介绍了当地妇女"生产时坐灰问题"。除了坐灰外，当地人还有"坐土"生育的方式，与"坐灰"大

---

① 康心：《乡村中的妇婴卫生问题》，《解放日报》1944年1月15日《卫生副刊》第48期
② 李巧宁、陈海儒：《陕西农村妇女的日常生活（1949—1965）》，中国社会科学出版社，2014年版，第88页。
③ 路岩：《张清益办接生训练班》，《解放日报》1944年10月28日《卫生副刊》第61期。

致相同，只不过草木灰被黄土高原的黄土所替代。①

为什么在妇女分娩的时候要坐灰、坐土？草木灰、黄土在分娩的时候起什么作用？产妇和婴儿是否要直接在灰、土上躺三天？郑桂兰在回忆中清楚地提到她生前三胎时使用不同的接生用品——草木灰、用布袋装的草木灰、草纸和卫生纸。据她讲，这些都是用来处理产妇的产道流出物——血水、胎盘等。产妇即将临盆，家人提前将烧炕剩余的草木灰或者黄土用工具筛出杂质，将粉末状的草木灰灰粉或者黄土沫沫均匀倒在已经揭开炕席的炕面上。产妇生下孩子后，用灰粉或黄土擦拭身上的血水后和母亲要在铺满灰、土的炕上三天三夜。三天后，吸收了产妇产道流出物后的草木灰或黄土就被倒掉，坐灰、坐土即告结束，产妇和新生儿在正常的炕上开始新的生活。之所以郑桂兰在后来用草纸、卫生纸取代坐草木灰，是因为前者较后者卫生、舒适，但他们的基本作用是相同的——用来吸收产道流出物。

这种以垫灰或垫土、跪着或坐着生、产后三天不许躺下睡觉的生育方式是否就是导致产妇死亡的元凶呢？确实，中共官方报纸《解放日报》和卫生系统的高层领导起初都认为陕北这种"坐灰"的生育方式相比于注重严格消毒的现代西方医学的新法接生，肯定是落后的。在1944年延安卫生展览会上，布展方特意在妇婴卫生部分采用实物和挂图的方式向参观者介绍旧法接生——"老百姓用旧法接生，坐在肮脏的灰和土上"。②傅连暲在介绍边区卫生工作时，也专门提到了产妇坐灰的危害，他认为边区妇女不育或者得妇科病，"这都是因为他们生产时要坐灰土"。③1944年前后《解放日报》卫生副刊发表的文章中，只要提到陕北妇女的生育问题，基本上都会提到坐灰的生产方式对妇女造成的伤害，认为正是由于灰土感染是导致妇科疾病，甚至母婴死亡的主要原因。因此，1944

---

① 冯秉姗：《韩家窑子村妇孺卫生调查》，《解放日报》1944年6月24日《卫生副刊》第57期。
② 张铁夫：《医务界的创作——记延市卫生展览会》，《解放日报》1944年7月23日。
③ 傅连暲：《群众卫生工作的一些初步材料》，《解放日报》1944年4月30日《卫生副刊》第54期。

年7月10日《解放日报》头版以社论的形式发表了《开展边区卫生运动的三个基本问题》，把"产妇不坐灰"作为解决降低妇婴死亡率的重要手段之一。《解放日报》1944年1月15日、2月16日的《卫生副刊》发文指出："那种生小娃以前，预备一些灰土，铺在身下，是容易传染产后热和娃儿破伤风的，要一概废止不用。"①但在1944年陕甘宁边区文教大会之后，分娩时在身下垫灰的分娩方式并没有完全被禁止，而是采取炒热消毒加以改良后继续采用。如：为宣传新法接生，1944年中共中央卫生处派巡回医疗队到子长、安塞、志丹县开办了接生训练班，在其讲义中就有把灰炒热使用的方法——"炕上垫在下身的灰，一定要在锅里炒一下，用筛子筛得细细的，再装在一个一尺半大小的方布口袋里（布包要洗净，晒过的）。垫在婆姨的下身，就不会得妇科病。"②这就让人不得不产生疑问：分娩时身下所垫的草木灰或黄土是不是导致产妇和婴儿死亡的关键原因？为什么中共没有立即废止这种被认为是导致产妇死亡的"坐灰"生育方式呢？

既然草木灰经过炒热改良后还可以继续采用，就不会导致产妇产道感染，说明分娩时使用草木灰具有一定的合理性。其实，草木灰的消毒作用现在仍然被广泛使用，因为草木灰是树枝、柴草等燃烧后剩下的灰烬，其中含有氢氧化钾和碳酸钾等化学成分可溶于水，具有与烧碱相同的消毒作用。在经济落后、医疗条件差的陕甘宁边区，在产妇身下垫草木灰分娩的方法具有一定的合理性。因为没有条件购买卫生纸或者消毒纱布等去吸干产妇分娩时通过产道排出的血水和胎盘，陕北农民只好因陋就简，用日常生活中能够寻找到的东西作为代用品。陕北农民日常生火做饭、烧炕都用植物的秸秆，燃烧后的草木灰溶于水后具有消毒作用。边区群众担心给新生婴儿洗澡会生病，因此，产妇生孩子后，接生人员用草木灰将新生儿身上的血水和胎衣擦拭干净，铺在炕上的草木灰也便于吸收产妇产道的排出物。这样的接生方式不一定符合中共接受的现代西方医学

---

① 康心：《乡村中的妇婴卫生问题》，《解放日报》1944年1月15日《卫生副刊》第48期。
② 沈元晖等：《妇孺卫生常识讲话》，《解放日报》1944年9月16日《卫生副刊》第59期。

消毒的卫生理念，但却是陕北农民在经济落后条件下处理产妇分娩的应对方法，这种方法能够适应当时当地农民的生活水平。

中国共产党是一个致力于中国社会改造的革命政党，不仅以要推翻旧的剥削制度建立新民主主义的社会制度为己任，改造落后的社会习俗也是中共社会革命的必然要求。但不同于苏维埃时期轰轰烈烈的彻底革除旧的、落后的社会习俗，建立符合中共意识形态和革命理想的新的社会习俗的革命做法。比如采用严格消毒的新式接生方法，可以生一个活一个，"由各医院的产科统计可以看出这一点"①。康心还认为，只要将这种严格消毒的新式接生方法推广到乡村中去就可以收到生一个活一个的效果。然而，革命的理想在残酷的现实面前有时候也很无力，到底是固守理想彻底改造旧世界，还是在现实面前降低理想呢？

抗战时期中国共产党在延安的社会革命采取的是静悄悄的改革式的被称之为"延安道路"的改良方法。陕北妇女分娩时垫灰、垫土的生育方式相对于严格消毒的现代西方医学的新法接生相比，肯定是落后的。但中共并未采取断然取缔、坚决废止的"革命"态度，即使曾经认为需要取缔，后来也采取了变通的方式——将草木灰炒热消毒，装在干净的布袋子里，分娩时垫在产妇身下，既达到吸血水的目的，也较以前身下直接垫灰、垫土卫生。郑桂兰在生第二胎的时候，用军大衣面子做了一个布袋子，把炒热的草木灰装进入垫在身下，这种改良的坐灰方式应该是受中共坐灰改良的影响。杨家沟村当赤脚医生的巩东平（1947年生）回忆当年旧法接生时，也认为草木灰为碱性，本身无菌，具有消毒作用。一些家庭条件稍好的家庭，在产妇生产前，将筛选的草木灰经过炒热后装在干净的布袋子里，产妇坐在灰袋子上生产，是对一般"坐灰"的改良。②不管是否受了中共的影响，杨家沟村也开始有人采用这种"坐灰"改良的方式进行分娩。但应该值得注意的是，这样逐步改进的生育方式有一个前提，就是有较好的经济条件作为支撑。不论是郑桂兰还是巩东平都在讲述中提到了有较好

---

① 康心：《乡村中的妇婴卫生问题》，《解放日报》1944年1月15日《卫生副刊》第48期。
② 2015年7月29日笔者访谈曾做过米脂县杨家沟赤脚医生的巩冬平。

的经济条件这一经济前提。郑桂兰不但在生二胎的时候采取"坐灰"的改良方式，而且在生第三胎的时候不再垫草木灰，而是直接使用更舒适、更卫生的卫生纸。显然与她姨在"百货公司"上班、有文化、收入高有直接的关系。

可见，治疗对象的经济条件和文化水平与他们采取的医疗方式基本成正比，冯秉姗在介绍延安韩家窑子村妇婴卫生问题时，提出的观点是比较中肯的——"一般的讲，他们的卫生情况和经济条件、文化程度是成正比的。"同时她还介绍了一个到医院分娩的卫生模范——李荣香的例子，认为李荣香之所以愿意到医院接生，"一方面固然是由于她的切身得到医院的好处，但另一方面不能否认这和她本人的文化程度（读书五年，能看群众报）及家庭经济条件有很大的关系。"①因此要解决边区妇女生育母婴死亡率高的问题，首先当然从改良传统生育技术着手，但也必须同时考虑边区农民的经济接受能力。"坐灰"的生育方式虽然有明显的缺点，但与陕北经济落后、物质匮乏的生活条件相匹配，是当地农民在经济条件极端困苦的情况下应对生育的生存技术。要彻底取缔，代之以产妇到医院分娩或者用消毒用品，却是农民经济能力所不能承受的。在中共改造社会的革命理想遇到陕北农民经济条件无法满足现代医学治疗的时候，中共中央、西北局和边区政府采取变通的方式，改良陕北传统"坐灰"的生育技术，既考虑了农民的经济接受能力，也在一定程度上改良了接生技术。

徐特立在边区卫生展览时说的一段话道出了中共未取缔坐灰分娩，而是改良——炒热草木灰的经济原因——"这次展览会有一些典型例子，应该加以发扬和推广，例如产妇坐褥，用土或用灰，这种不洁的土和灰，有使细菌侵入子宫的危险。如果改用纸和棉花，仍然需要消毒，费钱（花费）很多。而展览会的说明上只指出把灰加以火炒消毒，就老百姓就有的材料，加以改造，就解决了问题。"②的确，陕甘宁边区人民也有接受八路军医院和中共地方医院治疗的典型例子，如韩家窑子李荣香就是在医院分娩，生了一个让村人羡慕的大胖娃娃。村

---

① 冯秉姗：《韩家窑子村妇孺卫生调查》，《解放日报》1944年6月24日《卫生副刊》第57期。
② 徐特立：《卫生展览会的重要意义》，《解放日报》1944年8月13日《卫生副刊》第58期。

里人羡慕归羡慕，却并不是每个产妇都能去医院分娩，主要还是经济上的因素使然。徐特立认为卫生纸和棉花比草木灰好，但却"费钱很多"，并非一般农民所能承受。因此，采取炒热草木灰，用干净的布袋装上，比原来的直接垫灰干净，材料也容易找到，是农民都能接受，同时又在一定程度上克服草木灰中所带细菌感染产妇的危险。

可见，导致陕甘宁边区老百姓母婴死亡率高的原因并不完全在于草木灰本身，而是坐灰分娩的方式正好是适合当地农民经济条件的独特的生育技术。

四、"血迷"之迷：新法生育方式的渐进式推行

陕甘宁边区推行新法生育改革除了提倡消毒的断脐方式外，另外一个重要的变化就是变坐着、跪着或站着分娩的方式为躺下分娩，同时坚决取缔分娩后产妇坐三天三夜的生育方法。

在陕甘宁边区妇女传统的分娩方式中，产妇分娩时可以坐着生、跪着生，甚至可以站着生，但是不允许产妇躺下生。原因是他们认为人平躺着，血液就会向上流进心脏，产生"血归心"，从而淹没了心脏，导致心脏停止跳动而死亡，这被当地人称为"血迷"。

血液循环是英国17世纪著名的生理学家和医生哈维根据大量的实验、观察和逻辑推理于1628年提出的科学概念。血液循环规律认为，人类血液循环是封闭式的，是由体循环和肺循环两条途径构成的双循环，而左心室、右心室是动脉血和静脉血循环的"交换站"。也就是说，人体血液的循环本来就要经过心脏，所以不存在血液流入心脏淹没心脏导致死亡的问题发生。之所以将产妇大出血死亡归因与"血迷"，是当地农民在缺乏现代医学、生理学知识的背景下，对产妇常因大出血——"血潮"而死亡现象的另类解释。"血潮"就是分娩后大出血，死亡后农民无法解释其原因，就认为发生了"血迷"现象。当地人表述中的"血潮"和"血迷"在含义上是有区别的，如在郑桂兰的回忆中，娘家三嫂子产后发生了"血迷"，其表现就是产后大出血，最后死亡。而她在讲比她大四岁的姐

姐生孩子的时候也发生了大出血，但她没有用"血迷"来描述，因为姐姐并没有因为产后大出血而死亡。因而，"血潮"和"血迷"的区别就在于大出血后是否死亡，死亡了的就是"血迷"。其实，"血迷"只是边区妇女对产后大出血的恐怖记忆，缺乏科学分析的现代生理学知识，只好用自己的想象来解释。在她他们看来，心脏是人身体最重要的器官，一旦被血淹没，就好比暴雨淹没了建筑物一样，将会发生灾难，因而把无法解释的产妇因产后大出血而死亡的都叫做"血迷"。既然没法解释清楚，所以产妇在分娩的时候总是祈祷不要发生"血迷"这样的事情，因而在分娩时不管有没有危害也总是会采取这样的生育方式，这样的生育方式已经成为当地一种特殊、另类的生育文化。

因而，边区妇女认为躺下分娩容易引起"血归心"，如冯秉姗在延安韩家窑子村调查时，当地妇女就对她说，"睡下生，血会归心得血迷"①。因此，为了防止"血迷"，当地传统上采取坐着、跪着的姿势分娩。如郑桂兰第一个孩子是坐着生的，第二个孩子是站着生的。但是，跪着、坐着、站着分娩，可否有效防止"血潮"的发生？庆阳"白马口杜仲甫的婆姨，从十五岁生娃到今年廿七岁了，生了八个娃都没了，现在又怀了孕已经两个月；每次生娃时坐着生，结果腰痛发血潮，大人生病，娃娃没奶吃，几天娃就没了。"② 12 年间生了 8 个孩子，杜仲甫的婆姨都是采取坐着分娩的方式，结果"血潮"现象照样发生，产妇受罪，孩子也都全部夭折了。可见，坐着分娩的方式并没有防止"血潮"的发生。

中共所推行的新法接生，其要点之一就是改坐姿分娩为躺着分娩，产妇分娩姿势是新旧生育方法的区别之一。但产妇分娩时的姿势真的是导致产妇大出血的主要原因吗？现代临床护理曾经经历了从坐姿到仰卧分娩的改变，但分娩姿势并不是产妇能否安全分娩的关键。现代临床护理不再强行干涉产妇的分娩方式，目前所采用的分娩方式有仰卧位、侧卧位和坐位分娩方法，坐姿分娩仍

---

① 冯秉姗:《韩家窑子村妇孺卫生调查》，《解放日报》1944 年 6 月 24 日《卫生副刊》第 57 期。
② 苏仁:《庆阳民教馆文化棚的妇孺卫生宣传》，《解放日报》1944 年 10 月 28 日。

然是现代产妇分娩的方法之一。因此，无论采取哪一种分娩姿势，其用力的方式都是一样的，并不会因为姿势改变而有所不同，更不会因为采取了坐姿或者跪姿生产就容易导致产妇大出血。看来导致边区产妇"血潮"的原因不完全在于坐姿分娩的方式。那么，让边区妇女现在回忆起来仍心有余悸的"血迷"是什么原因引起的呢？

陕甘宁边区传统生育方法除了坐灰、分娩不消毒、坐着分娩的生育方式外，还有一个重要的特征——产后不允许躺下睡觉，而要坐三天三夜。陕甘宁边区经济困难、文化落后，人们多相信天命，而且妇女地位低，被认为是家庭的私有财产，是传宗接代的工具，生孩子被认为是妇女天经地义的义务。因而，边区妇女尤其是劳动妇女在分娩后，并没有专人照顾。分娩后，为了防止产妇睡着因无人照看导致大出血的灾难发生，当地人认为，产妇分娩后不能躺下休息，而要在炕上坐三天三夜。傅连暲在介绍边区卫生工作时，专门提到了产后坐三天三夜对产妇的危害，他认为边区妇女不育或者得妇科病，"这都是因为她们生产时要坐灰土，坐三天，不许躺下，不许睡，不吃鸡蛋和其他营养品，光喝米汤的缘故"。①其实，傅连暲的分析有缺陷，他认为产妇分娩后应该吃营养品，而陕北产妇在三天内不吃鸡蛋和其他营养品、只喝米汤，导致产妇得妇科病或者不育。当然，产妇产后要在营养上得到补充这是毋庸置疑的常识。但他没有考虑到陕北经济落后的因素，认为产妇只喝米汤不营养，影响了产妇的恢复。众所周知，陕北盛产小米，小米米汤营养价值高，但一般"受苦人"家庭并不能保证天天喝小米米汤。因而，当娘家母亲知道女儿即将生育时，都会准备一些小米作为礼物送给女儿当作营养品，"送米汤"也成为陕北的一种民俗现象至今保留。即使如此，并不影响傅连暲对产后三天三夜不许产妇躺下睡觉导致产妇身体出现问题的正确分析。三天三夜不允许睡觉，极不利于产妇休息和恢复，使得分娩后已经疲惫不堪的产妇更加劳累，不仅没有防止"血潮"的发生，反而

---

① 傅连暲：《群众卫生工作的一些初步材料》，《解放日报》1944年4月30日《卫生副刊》第54期。

导致出现产后大出血的几率加大。

对于产后三天三夜不许产妇躺下睡觉的生育方式，边区政府坚决予以禁止。经过边区政府医疗卫生人员和文化教育工作者的大力宣传，陕北妇女逐渐认识到了产后坐三天三夜的危害——"生后坐灰三天，死后坐坟三天"。因此，康心在《解放日报》卫生副刊发文呼吁："特别应该废止的是，'生后再坐三天，以免毒血归心'的野蛮方法，更应该废除，当一婆姨生娃以后，一定要静静地平睡在炕上，叫她恢复疲劳，才免得许多妇科病和产后出血。"①应该说，这样的说法是切中要害的，也与现代医学护理知识相契合。

虽然产后休息的新法生育方式逐渐被群众所接受，但受千百年形成的生育文化的影响，即使接受了中共新法接生的产妇，抱着宁可信其有、不可信其无的念头，也不敢明目张胆违背坐三天的生育方式，担心万一因为没坐而导致"血迷"。但他们毕竟知道了新法接生的优点，所以对原有的坐三天三夜的生育方式进行了改良，坐一天，或者坐半天。如《解放日报》1944年6月24日报道认为，"产妇生产时坐灰三天的恶习惯，使妇女深深感到痛苦，因此她们已逐渐改变了这办法。"②但并未彻底杜绝，冯秉姗在延安韩家窑子村调查妇婴卫生时提到，"但是'睡下生，血会归心得血迷'的说法，还相当的威胁着她们，使她们不敢不坐一夜或半夜。""过去生娃要坐三天三夜，如今年轻的婆姨，都不讲究这些了。"有些产妇变坐三天三夜为坐一天，甚至"一个妇女半夜生娃，天明便睡下了。"③米脂县杨家沟村妇女郑桂兰说她在生第一个孩子后，只坐了半天。但不论如何，产妇分娩后，不再遭受三天三夜不能躺下睡觉的传统生育方式的磨难，身体容易得到恢复，大出血和产后妇科病的危险大大降低。

---

① 康心：《乡村中的妇婴卫生问题》，《解放日报》1944年1月15日《卫生副刊》第48期。
② 冯秉姗：《韩家窑子村妇孺卫生调查》，《解放日报》1944年6月24日《卫生副刊》第57期。
③ 冯秉姗：《韩家窑子村妇孺卫生调查》，《解放日报》1944年6月24日《卫生副刊》第57期。

五、结语

北方妇女在中国传统社会中处于边缘地位,从小包裹的小脚和女子无才便是德的封建思想,禁锢了她们社会交往的范围。处于陕甘宁边区交界地带的妇女,因经济文化落后,地位更加低下,她们被家庭和丈夫视为私有财产,在社会上没有政治地位,在家庭中没有经济地位,无权参与家族事务,一生围着锅台炕头转,对社会最大的贡献就是穷其一生不断生育子女。

然而,抗日战争和解放战争时期,陕甘宁边区妇女参与社会生产、生活的范围扩大了,不仅是家庭劳动的主力,更因为男子参军、支前而在农业生产、家庭纺织中发挥着积极作用。渡过了因国民党政府封锁而造成的严重经济困难之后,陕甘宁边区经济状况开始好转,人民生活水平逐渐提高。然而,母婴高死亡率的问题,已经成为阻碍妇女参加生产、支前的障碍,"财旺人不旺"的状况引起中央领导的高度关注。要做到"人财两旺",为战胜敌人提供人力、物力基础,加强医疗卫生事业、提高人口素质,成为中共中央、西北局和边区政府高层领导在1944年文教大会前后的共识。"(朱德)总司令在延安各界卫生动员大会上说:我们要开展全边区的医药卫生运动,同病疫流行的现象作斗争,做到'人与财旺',好把法西斯打倒。"①八路军总司令把做好陕甘宁边区医药卫生工作当成抗日的人力基础,足见中共高层对边区妇婴卫生问题的担忧。傅连暲认为,抗战期间,在陕甘宁边区群众卫生工作中,"首先存在着的是妇婴卫生问题"②,妇婴问题在边区卫生工作中的重要性甚至超过了防疫。边区政府非常重视妇女生育问题,在1944年陕甘宁边区文教大会关于开展群众卫生医药工作的决议中就指出:"在妇婴卫生问题上,主要是多办接生训练班,普遍改造老娘婆,产

---

① 康心:《乡村中的妇婴卫生问题》,《解放日报》1944年1月15日《卫生副刊》第48期。
② 傅连暲:《群众卫生工作的一些初步材料》,《解放日报》1944年4月30日《卫生副刊》第54期。

妇生产时要躺着,垫的灰要炒过,剪脐带的剪子要煮过;生产时要睡下,多休息,多吃营养品"①。这个决议指明了中共倡导的新法接生的基本要点——消毒、躺下分娩、产后休息,而且指出了推广新法接生的办法——垫灰要炒热消毒,剪脐带用的剪刀要煮沸消毒,产妇要躺下分娩,产后要注意休息。

这种以新代旧的生育方法的改革,看似是一种生育技术的改良,其实是生育文化的进步,更达到通过技术变革改善群众生活,起到政治动员的目的。全面抗战时期,虽然国共两党建立了抗日民族统一战线,但两党所代表的阶级利益不同,对战后社会治理的理念和目标不同,更由于国民党政权对不断壮大的中共军队的担忧,在抗战进入相持阶段以后,随着日本对华政策的改变,国民党顽固派开始不断制造摩擦事件,尤其是皖南事变后公开派遣大批军队包围封锁解放区,企图用武力"剿灭"共产党领导下的抗日军民。陕甘宁边区作为中共所在地,自然成为国民党顽固派重点打击范围,国民党政权不仅停发了八路军的军饷,而且对陕甘宁边区实行严格的经济封锁,致使边区陷入严重的经济困难之中。面对国民党反动派的挑衅,中共中央在保持抗日民族统一战线不破裂的前提下进行了坚决的回击,在反法西斯统一战线各国的压力下,国民党反动政权暂时停止对陕甘宁边区的军事进攻,但国共两党的矛盾却始终存在。在1942年,359旅在反顽固斗争中挤走绥德国民党专员何绍南后,陕甘宁边区绥德分区才建立了三三制民主革命政权。此时的中共政权尚不稳固,要赢得广大边区群众的支持,获得党和政权的统治合法性,就必须通过实实在在的举措改善边区群众的生活,才能真正赢得民心。

由于经济文化的落后,边区妇女几乎没有上过学、识字之人,因而传统上妇女很少关心政治,用中共革命理想启发收效甚微。要想得到占边区人数半数左右的广大妇女的支持,就必须解决他们最关心的实际问题。同争取妇女解放、婚姻自由、读书识字等比较起来,陕甘宁边区的妇女们想要解决的最现实的问

---

① 《边区文教大会关于开展群众卫生医药工作的几项决议》,《群众》十卷二期(1944年2月10日)。

题就是婴幼儿无法存活的"大问题"。因此,妇婴卫生问题在边区渡过经济困难时期后,成为边区卫生工作中最主要的任务之一。此时的妇幼卫生问题,不仅民生问题,也是政治问题。

然而,在边区落后的经济现实面前,中共彻底改造旧社会的革命理想不得不想办法修正,否则不但没有达到彻底改造旧社会的革命目的,可能也不会得到群众的支持,甚至引起群众的反感。因此,抗战时期中共在陕甘宁边区推行的新法接生,其实并不是完全意义上符合现代西方医学的新法接生,而是一种半新半旧的接生方法——虽然采取了消毒的方法,但消毒不彻底,草木灰虽经炒热,但消毒效果肯定没有医院所采用的棉纱消毒效果好;虽然改坐着分娩为躺下分娩,分娩后产妇不再坐三天三夜,但仍有不少的产妇不敢不坐,有的坐一天,有的坐半天。中国共产党是一个以推翻旧社会、建立新社会为奋斗目标的革命政党,在生育改革上却采取了调和的策略,走了一条被称之为"延安道路"的生育变革之路。说明中共革命理想在遇到地方文化的障碍时,采取了实事求是的态度,和以边区群众生命财产为本的原则,既承认地方生育技术和文化的合理之处,又能变通地、有效地提出修正的措施。

通过切实推行生育变革,边区妇婴死亡率降低,得到实惠的边区妇女认可了共产党。在延安卫生展览会上有一个七十一岁的李姓老婆婆,四个媳妇生的十三个娃都夭折了。听了展览会招待员关于新法接生的讲解,她让眼泪、感动和兴奋所浸润,并感叹:"这里的公家人个个都好,给老百姓想得这样细枝细节(细致周到)""我在河南活了七十,从没见过这样好的会。那里的人(指国民党统治者)不吃你不杀你就够好了!"①朴素的语言道出了对旧政权的憎恨和对新政权的信任。米脂县杨家沟村郑桂兰说,她在生第一个孩子后七天无法正常小便。听说桃镇有八路军的医疗队,就让家人辗转请来治病。在八路军医生的治疗下,排出了胎盘后小便恢复正常。在经过了六十多年的沧桑岁月后,老人提起这件事情仍然记忆犹新,激动地表示,如果没有八路军的医生,她就很难活

---

① 张潮:《结束愚昧迷信的生活——在卫生展览会上》,《解放日报》1944年8月11日。

下来。从"人生人，怕死人"的痛苦记忆，到对八路军医疗队救命的感恩，陕北农村妇女从内心里萌生了共产党革命为了老百姓的朴素观念。同时，通过举办接生培训班，使她们不仅掌握了新的接生方法，降低了新生儿死亡率，同时也完成了对旧接生婆的改造。米脂县五区四乡产婆张尚志在经过改造后，一年间共接生了17个婴儿，不仅全部成活，而且能处理横位、脐带脱出、脐绕颈等难产问题。"其中横产一名，都能使母子平安"。①传统的老娘婆经过改造后成为具有一定分娩常识的助产士，这不只是技术的更新，更是身份的转换，从旧社会下九流人员成为革命政权下为乡村群众服务的基层卫生人员。通过推广新法接生，共产党给妇女带来了切身的实惠，陕北妇女先于男人，在土改前就完成了对中共政权合法性的建构。

中国共产党在抗战时期以推行生育改革为契机，对农民进行意识形态投资，以获取农民尤其是妇女的支持，并通过妇女对子女、丈夫的影响而获得乡村社会的广泛支持，达到了增强中共政权合法性的显著效果。"到1945年抗战胜利时，在根据地农民的心目中，蒋委员长的地位已经被毛主席完全取代了。"②中共产党领导的陕甘宁边区妇女生育改革，通过推行新法接生，新政权在广大妇女心中生了根，共产党和毛主席让妇女解除了生子之痛、养育之苦。一场静悄悄的生育改革，改变的不仅是边区妇女的婴儿成活率，更是让老百姓明白了共产党为人民的执政理念，从而在无意识中选择了未来中国发展的道路。

（原载《河北学刊》2018年第3期）

---

① 《米脂县三年来卫生工作总结》，米脂县档案馆（0016-1-8）。
② 张鸣：《乡村社会权力和文化结构的变迁（1903—1953）》，广西人民出版社，2001年版，第246页。

论抗战时期陕甘宁边区农村妇女的社会教育
——以冬学为例

农民是中国共产党开展土地革命可靠的同盟者，是新民主主义革命的主力军。抗日战争能否取得胜利，关键在于是否广泛发动农民参加抗日。然而，由于陕甘宁边区农民文化程度低，思想觉悟不高，在理解党的抗日政策、法令上有难度，不利于抗日战争的民众动员。所以，中国共产党十分重视边区农民的文化教育。通过利用旧有的"冬学"形式，广泛开展群众教育，提高农民的文化水平和抗战热情，成为一种行之有效的社会教育方式。1937年，陕甘宁边区政府发布《关于冬学的通令》，抗战时期最经常、效果最好的一种社会教育方式——冬学拉开了帷幕。

历史上，由于长期以来深受传统重男轻女、女子无才便是德等封建习俗的压制，边区妇女生活在社会最底层，政治上无权，经济上没有地位，甚至连人身都不自由，成为男人的私有财产。边区妇女冬学在教学内容、教学方式等方面都有着和男子冬学不同的特点。陕甘宁边区文化相对落后，卫生条件极差，婴幼儿死亡率高，妇科病相当普遍，针对这种实际情况，在冬学中，专门开办了以传授妇幼保健知识和卫生习惯的养成教育等为主要内容的妇女卫生冬学，这对抗战时期陕甘宁边区医疗卫生条件的改善乃至乡村社会的改造产生积极的推动作用。

一、抗战动员、读书识字与卫生教育：妇女冬学的多重教学任务

几千年来，中国广大农村妇女在经济上依赖男性，深受政权、族权、神权和夫权的压迫，处在社会的最底层，因而妇女教育特别落后，识字者极少。历史上，陕甘宁边区地处偏僻，民众贫穷，旧的性别观念和传统道德根深蒂固，妇女除了生育后代之外在家庭和社会无足轻重。当地民谚"再孬的汉子走州县，再好的女子锅边转"形象地反映了妇女的社会地位。由于妇女不识字，缺乏技术和技能，致使妇女对国家、民族的命运漠不关心。

抵抗日本侵略是整个中华民族的共同任务，地不分南北，年无论老幼，皆有守土抗战之责，妇女当然是抗战的一支重要力量。然而列宁说过，文盲是站在政治之外的。要充分发动广大边区妇女参加抗战，通过社会教育提高其文化水平、政治觉悟迫在眉睫。毛泽东在延安中国女子大学开学典礼上的讲话中明确指出："假如中国没有占半数的妇女的觉醒，中国抗战是不会胜利的。"①因此，要动员占人口半数的妇女积极参加全民族抗战，就必须对政治意识淡漠的陕甘宁农村妇女进行抗战启蒙与发动。冬学运动中，无论一般男子冬学还是妇女冬学，政治理论课的学习成为冬学教学内容的重点。从边区政府教育厅1937年对冬学规定开设科目和课程表可以看出，政治、军事和国语课程在冬学教学内容上几乎三分天下。"依据此冬学课表，民众一周七天均要参加冬学，除去晚自习，每天学习6小时，1周42小时，其中涉及军事、文字、政治教育内容至少占据37小时，占88%之多"。②可见，陕甘宁边区政府举办冬学的直接目的就是进行

---

① 毛泽东：《毛泽东在延安中国女子大学开学典礼上的讲话》，《新中华报》1937年7月20日。
② 王玉珏：《群众教育的需要和自愿原则——基于抗战时期陕甘宁边区社会教育的考察》，《河南科技大学学报（社会科学版）》2015年第2期。

抗战动员。但陕甘宁边区妇女绝大多数不识字，在边区男子上战场后，妇女担当起组织生产、参加乡村基层政权以及查路条、组建自卫队保护乡村安全等任务。由于不识字，往往耽误了正事。因此，政府利用冬学的形式，采用学习文字的方式达到政治启蒙的目的。

卫生教育是妇女冬学的重要内容，也是区别于一般男子冬学的典型特征。抗战时期，虽然现代医学作为一种新的有效的诊疗方式传入中国已经一个多世纪，但历史上的陕甘宁边区由于僻处西北内陆，交通不便，医疗卫生条件差，群众有病，只能求救于集镇的坐堂中医或者走街串巷游医、草医。但即使中医的数量也极少。边区政府副主席李鼎铭在1944年参议会上说，"医药缺乏，全边区仅有中医好坏千余人"。①按照陕甘宁边区当时有人口150万计算，每1500人仅拥有中医医生一人。但这仅仅是理论上的数字，由于农民普遍贫困，全年收入只要能够让家庭成员吃饱就算生活相当不错了，根本没有余钱用于改善生活，有病无法医治，要么靠硬扛，扛不过去就只好听天由命，要么就求神拜佛，或者请巫婆神汉。李鼎铭在报告中称，"全边区共有巫神二千余人，利用迷信，招摇撞骗。"边区的巫神数量远远超过了医生的数量，医疗条件可见一斑。因此，边区疾病流行，尤其是婴幼儿死亡率高，"某些地区，婴孩死亡率达百分之六十"②。笔者2015年夏天在米脂县杨家沟进行田野调查，所得数据基本反映了上述数字的客观性。该村妇女郑桂兰（1929年生）回忆，母亲一生生育子女13人，仅成活了7个。郑桂兰姐姐家的三个孩子患天花，一晚上死了2个，第三个因为及时隔离幸运地活了下来。该村村民马师林（1947年生）回忆，母亲一生生育子女15个，只成活了6个。

同时，边区妇科病患病比例非常高：陇东分区镇原县"刘家城村五十四个妇

---

① 李鼎铭：《关于文教工作的方向——在陕甘宁边区二届参议会第二次大会上的报告》，《解放日报》1944年12月10日。

② 李鼎铭：《关于文教工作的方向——在陕甘宁边区二届参议会第二次大会上的报告》，《解放日报》1944年12月10日。

女，有四十三人是有病的，有一百九十四个产妇中，死亡的就有一百零六个"①。因此，李鼎铭在参议会报告中强调："救命第一，党政军民学各界必须对各地具体情况，进行群众中的卫生教育；提高妇女的卫生常识，尤为中心环节。"②1944年边区文教大会关于边区教育方针的决议草案中强调，在"对妇女进行识字教育时，也应把卫生常识作为最主要的教育内容"。③文教大会后，在群众举办冬学的热潮中，创办了一批以妇婴卫生为主要内容的妇女卫生冬学。比较有特色的妇女卫生冬学当属陇东分区镇原县刘家城村的妇女冬学，该冬学针对妇科病普遍的现实，确定了"卫生第一，识字第二"、"妇女卫生为主，一般卫生为辅"的办学方针，女教员以通俗的语言讲解新法接生、产后保养、经期卫生、育儿常识等妇幼保健常识；该冬学还将新接生法画成挂图，增强卫生知识的直观性。女教员还指导妇女做月经带。④刘家城的妇女卫生冬学给当地妇女带来了实际的好处，改善了妇女儿童的卫生保健状况，受到群众的欢迎，其成功经验很快在边区推广开来，并得到边区政府的重视。1945年10月23日边区政府关于冬学的指示说："去年冬学教育中曾出现数处以妇婴卫生的妇女冬学，深得群众欢迎。今年各分区和县（市）在有妇婴卫生常识教员的条件下，应创办这种冬学。"⑤卫生教育成为妇女冬学的办学特色，得到了政府的重视和广大妇女群众的欢迎。

妇女卫生冬学还促使农村环境发生改善。过去，不卫生的现象在农村也十

---

① 陕西师范大学教育研究所：《陕甘宁边区教育资料（教育方针政策部分）》（下），教育科学出版社，1981年版，第249页。
② 李鼎铭：《关于文教工作的方向——在陕甘宁边区二届参议会第二次大会上的报告》，《解放日报》1944年12月10日。
③ 陕西师范大学教育研究所：《陕甘宁边区教育资料（教育方针政策部分）》（下），教育科学出版社，1981年版，第445页。
④ 陕西师范大学教育研究所：《陕甘宁边区教育资料（教育方针政策部分）》（下），教育科学出版社，1981年版，第217页。
⑤ 《中央卫生处召开群众妇孺卫生研究会》，《解放日报》1944年5月12日。

分常见，群众普遍没有卫生常识。妇女是家务活的主要承担者，家庭环境的整洁与否与妇女的卫生习惯有直接的关系。妇女参加了冬学，除了识字外，还了解了卫生常识，逐渐养成了讲究卫生的好习惯：大人小孩勤洗脸，不给病人、儿童喝生水，勤打扫院子，村子面貌大为改观。"岭底村以前被人称为二流子村，满街是牛粪，房里脏得去了生人没处坐，隔壁邻家常常吵架，满街扯。而现在的情形一反过去，街道一天打扫一次，牲口圈常常垫，大多数房子里是用黄土或白土刷得光光的，房子里家具也搞得有条有理，人们穿的衣服是洗得净净的，上山担水，回家洗脸洗脚，这种现象，使以前到过岭底村的人都感觉惊奇"。①

冬学运动中，以妇女卫生常识教育、妇科疾病知识普及以及婴幼儿保育知识教育为教学内容的妇女卫生冬学，成为区别于一般男子冬学的一个显著特征，也是妇女冬学运动的一个鲜明特色，因而在教学内容较男子冬学更加广泛，也更加针对教学对象的实际生活。

二、妇女冬学办学成效及原因分析

抗战时期，陕甘宁边区妇女冬学运动的广泛开展，对边区各项事业的发展产生了积极影响，取得了显著成效。

1. 提高了妇女的文化水平

按照传统观念，女儿最终是要出嫁的，为其花钱读书不值得，因此教育历来是少数男子的特权。陕甘宁边区政府建立后，妇女在共产党的领导下也能入冬学接受教育，令边区广大妇女兴奋异常，纷纷走出家门，进入冬学学习。"根据各地反映，妇女入学人数的踊跃，是相当普遍的现象。而且妇女入学也比男子有经常性，这也许由于妇女比男子一般容易接受说服动员的缘故，然而也不

---

① 《关中岭底村的一揽子民办学校》，《解放日报》1944年1月15日。

能忽略这也是妇女本身要求进步的反映。"①妇女学习兴趣高,进步很快。许多目不识丁的边区妇女通过为期两到三个月的冬学教育,一般都学会写简单的借条、收据、信件,查看路条,摘掉了文盲的帽子。

2. 提高了妇女的政治觉悟,激发了民族意识

冬学是党领导下的战时社会教育,属于国防教育的性质,其最终目的是为了调动广大群众参加抗战。因此,政治教育是冬学一项经常性的任务。1937年边区教育厅提出"冬学是普及国防教育的战斗学校"的口号,在课程安排上突出强调政治教育,"政治课讲的是抗战的理论"。边区教育厅编印的识字课本"新千字文"是"依据抗战建国的理论,配合着当地的情形编印成的。"②。冬学教育除识字课、政治课外,还学习军事技能,陕甘宁边区1937年冬学课程里就有防毒防空、自卫军训练等课程。冬学学员学会了埋地雷、扔手榴弹等抗战技能。男子上前线杀敌,边区妇女也不甘落后,组建自卫军,负责锄奸、放哨、送信、查路条等任务,有时还替八路军运送物资、修筑工事。"1938年,边区女自卫军人数达10212人,其中延安一县就有1050人。参加者多是年龄在18至30岁的放足、大足妇女。""延安县永胜区二三乡有两个女自卫班,约五六十人。每人有一件武器,每天坚持上操、练歌。白天盘查放哨,晚上轮流查户口,任何生人如不带路条难以经过这两个乡。"③政治觉悟提高了的广大边区妇女以多种形式积极支持抗战,为抗战胜利作出了积极贡献。

3. 废除陋习,革新了社会风气

历史上,陕甘宁边区地域交通闭塞,经济落后、缺医少药,疾病与死亡威胁着广大群众,因而迷信盛行。人们有病了不是去看医生,而是烧香拜佛,或

---

① 中央教育科学研究所:《老解放区教育资料(二)》,教育科学出版社1986年版,第183页。
② 刘端棻:《陕甘宁边区的冬学运动》,《新中华报》1940年1月12日。
③《陕西省志·妇女志》,陕西人民出版社,2001年版,第287页。

请神汉巫婆驱鬼。"全边区共有巫神 2000 余人，利用迷信招摇撞骗。"①妇女难产，请来的巫婆装神弄鬼，让产妇推磨，造成母、婴死亡。产妇生孩子后，要坐几天几夜，不准睡觉，不准吃有营养的食品，只能喝稀粥，致使产妇身体遭到摧残。针对这些情况，冬学尤其是专为妇女开设的妇女冬学，有计划地向女学员传授妇婴保健卫生知识。镇原县刘家城妇女冬学请人画了 6 幅新法接生的挂图，教妇女做月经带，推广新法接生及婴儿护理。②冬学的妇女学员们编排受当地群众喜爱的秧歌剧，批评不良社会风气，寓教于乐。张家畔妇女冬学编演的改造女"二流子"的戏，对妇女教育很大，轰动靖边县城。一些女"二流子"也受到了教育，愿意悔过。

之所以能取得这样的成绩，原因有三：

第一，妇女组织的帮助和支持是条件。抗战时期陕甘宁边区政府举办冬学、半日校、夜校、识字组等社会教育，通过读书识字的教学方式，达到动员群众参加、支持抗日战争的目的，其主要任务还是为抗战服务。边区妇女深受传统封建道德影响，一双小脚限制了妇女的生产能力，养孩子、做家务就是她们全部的生活内容，一生围着丈夫、子女和锅台转，基本不参加社会活动，也很少与生人打交道。要动员农村妇女，尤其是已婚妇女上冬学，必须得到当地妇女组织的帮助，才能取得成效。当地妇女组织在冬学运动中起的作用远远超过了政府干部所起到的作用。有个别县、区、乡政府把冬学当作和征粮一样的政治任务来完成，在动员时采取简单粗暴的方式，对各村下达任务，如延川县"区乡干部注意冬学太差对冬学的重视程度太差，在乡下，根本说不上布置工作，动员学生时，乱抓乱拉。"③结果参加冬学学习的妇女数量上去了，但是教学效果

---

① 李鼎铭：《文教工作的方向——1944 年 12 月 6 日陕甘宁边区政府李鼎铭副主席在边区参议会上的发言》，《解放日报》1944 年 12 月 10 日。

② 陕西师范大学教育研究所：《陕甘宁边区教育资料（教育方针政策部分）》（下），教育科学出版社 1981 年版，第 217 页。

③ 《延川冬学为什么会失败？冬委会总结经验教训》，《解放日报》1941 年 2 月 22 日。

并不明显，原因就在于当地干部"于规定学生对象时不负责任，只在名单上凑数目字，被规定入学的学生，有的是不在家，有的太穷苦，有的年岁太大。"①延属分区固临县有的政府干部"动员妇女入校，因工作布置不好，没有向学生家中作很好的解释，拉了就走，可是他家中不给吃的和盖的。"②甚至县、区乡政府为了完成上级安排的冬学计划，把傻子、聋子、瞎子动员进冬学中，以至于上冬学被群众当成和国民党拉壮丁一样的苦差，降低了冬学在群众中的威信。

与政府干部把创办冬学当作政治任务来完成不同，边区妇女组织是从妇女解放的角度来看待妇女冬学问题的。在妇女干部看来，"妇女的解放，首先是妇女本身的事，尤其是妇女干部的责任。"③所以，边区妇女组织的干部在冬学动员时更加注重动员学生的质量。尤其是当地妇女干部，对本村、本乡妇女情况比较熟悉，容易得到当地妇女的信任，"女子教育的计划划定了，妇联会即开展讨论，她们即帮助各县教育科动员。她们知道谁家女孩子应当上学，并知道那个妇女应该上学。经她们鼓动宣传，女子教育自然就容易进行了。"④"譬如安定县（今子长市），"本县之冬学工作，由于与青救、妇联等各组织密切了配合，致使动员工作顺利完成。……瓦市之妇女冬学，竟动员了五十个妇女入校，现各学生大部都学会拼音了，众人都很钦佩她，对巩固冬学上起了很大的作用。"⑤

第二，灵活多样的办学方式是保障。冬学作为社会教育的一种形式，不同于学校教育，其教育对象是不能脱离生产的劳动群众。由于大多数妇女事实上承担了养儿育女和几乎全部的家务劳动，基本无法抽出时间集中学习。因而，采取适合妇女生产、生活需要的教育形式对于达到妇女冬学教育的目的至关重要。边区政府举办的冬学，能够根据不同年龄阶段的妇女，采取多样的教学形式，是

---

① 《安塞冬学抄名单吃了亏 冬委会决积极补救》，《解放日报》1941年12月23日。
② 《固林冬学计划失败 冬委会商讨补救办法》，《解放日报》1941年12月6日。
③ 洛甫：《对妇女干部的几点建议》，《中国妇女》1939年1月。
④ 云：《陕甘宁边区突飞猛进的女子教育》，《中国妇女》1939年1月。
⑤ 《安定提高冬学质量 延市进行学习突击》，《解放日报》1942年1月16日。

保证妇女冬学教员的重要保障。

未婚女孩和已婚的年轻农村妇女，由于其承担的家庭劳动相对较轻，接受新思想、新知识相对容易，冬学多采取集中学习的方式，每天集中学习至少三个小时。大部分乡村设立的妇女冬学都属于这种集中学习的形式。延安县在1941年动员学生入冬学时，对于准备动员的妇女年龄就有特别的考虑，"入学年龄应由十五岁到四十岁的规定，改为十五岁到三十岁，因为四十岁的人，不易动员入学。"①之所以妇女冬学的学生年龄限制从四十岁改为三十岁，可能考虑的不仅是年龄大、承担的家庭劳动多，更是因为改变她们传统观念不太容易，教学效果差。延川县一处妇女冬学中的学生年龄大多都是二十几岁的年轻妇女，她们剪发、大脚、活泼、健壮、充满了生气，一期冬学能学到五十个以上的生字，但其中一个年龄偏大的妇女，她说自己才认会了二三十个字，原因是"家里娃娃多，顾不上念，先生教的时候解下了（理解了），就是记下了。"②年轻妇女在未生育前，家庭负担相对较轻，能够集中在冬学教学点开展为期三个月左右的学习，由于有教学时间的保证，一期冬学结束的时候，一般能认识五十到二百个左右的生字，甚至有些能看懂边区通俗读物《大家看》《边区群众报》等。三边分区靖边县创办的妇女半日学校，"该校创办三年来，从未间断，'睁眼瞎子'的婆姨们，现在最低的能识二百，最高的能识五百以上之生字，而且能读《边区群众报》与《新文字报》了。"③参加冬学的边区妇女通过识字能达到看懂报纸，就能理解中共中央对于全民族抗战的要求，达到了抗战动员的目的。

在冬学动员的时候，一些地方区、乡政府为了完成上级下达的冬学任务，往往热衷于搞集中学习，以利于入学人数任务的完成。但在居住分散的陕北农村，集中的冬学，就必然会使一些妇女脱离家庭生产生活，"那不仅不能使群众普遍

---

① 《延安县召开扩大干部会商讨动员学生入学 神府冬学工作布置妥当》，《解放日报》1941年11月13日。

② 荆生：《边区妇女又该到冬学里去念书了》，《中国妇女》1940年1月。

③ 《三边情形之四——塞外的建设》，《解放日报》1941年7月17日。

入学，反而加重群众的负担，引起群众不满"①。因此，对于年龄偏大、家庭劳动繁重的妇女，考虑到她们生产生活的便利，不要求她们进入学校集中学习，而是通过分散的、机动灵活的教学方式适应妇女繁重家务劳动的需要。比如，子洲的妇女们把每天要学习的生字领回家，贴在容易看到的地方，"在崖上、窗台上、磨道上、门厢、橱柜上到处贴满了字，识字的人抬头见字。"②靖边县张家畔冬学女教员柳勉之，按照该地妇女居住地区和职业划分为不同的学习小组，妇女有空闲的时候就教，妇女无事多教，有事少教。"单人独户小孩太小不能离家的，由识字组长上门教；不愿出门的妇女由家里人教。"延安市洋芋渠妇女冬学将集中教学的形式改为教员上门去教的分散教学法，教学方式也因人而异，"如根据家事闲忙、天资智愚、程度高低、兴趣大小等灵活形式，成效显著"③。正因为这些妇女冬学采取了适应妇女生产生活的灵活机动的教学形式，保证了妇女学习的时间和效果，确保了妇女冬学开展的成效。

第三，适合妇女生产生活需要的教学内容是关键。冬学运动之初，各基层政府曾经为了完成任务，强行动员群众参加冬学，甚至动员学生对不愿送子女入学的家长进行斗争。而且教学内容完全以政治教育和识字为主，由于边区妇女绝大多数都是文盲，对于教员讲的抗战道理无法理解，学习的生字也不能在实际生活中使用，致使她们觉得冬学学习的知识没有用处，导致不少冬学学生流动现象严重，一些学生借着回家取粮食的机会就不再来冬学上学了。

究其原因，是教学内容没能适应妇女生产生活的实际需要，结果使学生学习脱离生产、脱离家庭，家长不满意、学生不满意。如佳县政府在总结1943年冬学工作时就注意到："可惜所学非所用，囫囵吞枣，用不上，念了几冬书，念了几本生字，还是讲不开的多，白识字。"④注意到这个现象后，边区政府在1944

---

① 《边区政府关于今年冬学的指示信》，《解放日报》1944年6月12日。
② 陕西师范大学教育研究所：《陕甘宁边区教育资料（教育方针政策部分）》（下），教育科学出版社1981年版，第234页。
③ 《陕西省志·妇女志》，陕西人民出版社2001年版，第273页。
④ 《佳县一九四四年教育工作总结报告》，佳县档案馆馆藏档案，档案号（98-4-1）。

年关于冬学的指示中特别强调："在教育内容上，过去是不符合群众的当前需要，实际效果很低。今后应尊重群众的意见，以群众的需要为主。"①教学内容只有符合群众的需要，才能为群众所易于接受。

边区妇女当时大多不参加田间生产劳动，主要承担家庭劳动和生儿育女等任务，因此边区政府要求各地妇女冬学要传授纺织、医药卫生、幼儿保健常识等实际需要的知识。群众需要识字，就教她们日常用字；需要记账，就教她们珠算；需要健康，就教她们卫生常识，不能喝生水，要勤洗脸洗手；需要生育儿女，就教她们新式接生方法和妇幼保健知识。由于满足了妇女生产、生活的需要，无形中拉近了冬学教学同妇女学员的距离，使冬学教育成为妇女自愿的行为，因而容易接受。延长县一处冬学中的女学生对前来采访的记者这样评价改良前后的冬学教学内容和效果："教的都是我们常时用得着的、鞋帮呀、鞋底呀、针呀、线呀锅呀、柴呀、日本呀、中国呀，还有查路条用的字……这些字，又有用，又好记。我没见过的不晓得的东西，先生教过几遍也高低记不下。"②这所冬学教学内容都是与妇女日常生产生活实际相联系的知识，她们就能听懂、学会，确保了教学效果。

三、政府要求、妇女需要与家长担心：妇女冬学办学中的困境与妥协

历史上边区地瘠民贫，由于资源缺乏，农民生活普遍贫困，早婚和买卖婚姻盛行。因而未出嫁的女孩子被父亲当作一种价格待沽的商品，花钱买来的媳妇儿被丈夫当作家庭私有财产，成为生儿育女的工具。因而妇女经济上不独立，生活上没有自由，社会地位低下，当地民谚有"女人不是人，母猪不献神"的说法。据陕甘宁边区建立之初调查，除了极少数地主的女儿读过书以外，一般

---

① 《边区政府指示各分区今年普遍开办冬学》，《解放日报》1944年6月12日。
② 《三边情形之四——塞外的建设》，《解放日报》1941年7月17日。

农家妇女极少有识字者，几乎可以用寥寥无几来形容。曾有人这样做过推测："过去的陕北，究竟有几个妇女不是文盲呢？因为没有旧日的统计，这个很难知道，不过无论如何，是不会超过男子的比例的。那时男子的识字人数的百分比是盐池县2%，华池等县1%，平均1%。"①从男子文盲率达到99%来看，被当作传宗接代工具的农村妇女的识字人数基本可忽略不计。

红军长征到达陕北后，女红军的生活方式深深触动了边区妇女的内心。"长征过来的妇女，给了陕北妇女以巨大的影响——她们有坚强的体魄，有自由的身体，有歌唱，有书读，这一切，都刺激了边区妇女们灵魂之深处。"千百年来，陕北农村妇女一直过着"抱娃娃、烧茶煮饭的勾当（生活），使她们困在家的小天地内，而不知养娃娃以外更有她该做的事，除了家以外，还有个大的天地在！"②接触了外来的女红军、女干部后，陕北农村妇女对她们的自由愉悦的生活方式非常向往。于是，她们的思想开始变化，希望改变千百年不变的生儿育女、操持家务、一生围绕儿女和锅台转的传统生活方式。

边区政府为了动员妇女参加抗战、支持抗战，"在政府法令上不仅明文规定了妇女有受教育的权利，同男子一样，而且政府从各方面来保证在妇女中实施免费的成年和儿童教育。普遍的使妇女有受教育的机会"。③政府希望举办社会教育，教她们读书识字，使她们能够解放自己，并争取幸福的生活。在边区政府的鼓励下，她们思想改变后，纷纷参加妇女组织，并要求参加政府举办的识字组、小学、半日校、夜校和冬学。"定边乡间有一个廿岁的女子，只识少数汉字，她曾偷偷的写信给冬训班动员工作的同志，要他们向她的家长要求让她来学习。"④边区政府的要求符合妇女解放的要求，妇女积极主动要求到冬学去读书，这成为她们迫切的愿望。

可是，受封建意识影响和束缚，很多家长认为妇女认字没有用处，村民们

---

① 慰沐：《从征行——由延安至岚县》，《中国妇女》1940年1月。
② 慰沐：《从征行——由延安至岚县》，《中国妇女》1940年1月。
③ 苏华：《获得民主权利的陕甘宁边区妇女》，《中国妇女》1939年1月。
④ 《新文字运动怎样开展着》，《解放日报》1941年11月12日。

也对妇女上学持否定和讥讽的态度，因而让妇女走出家门上冬学，并不是一件容易的事情。在动员妇女上冬学的时候，家长的阻拦成为最大的障碍。"在动员过程中，女生（入学）比较困难，守旧的父母都不愿送女子入学"①许多青年妇女愿意读书上学，可丈夫和婆婆不答应。志丹县一个媳妇上冬学，婆婆叫她不要好好念，如果好好念就不给送粮。有的丈夫不让媳妇去上学就送回娘家去，有的让媳妇装大肚子。②"延安县有些青年妇女要来学习，她们的家长不给衣服和被子，阻碍她们"。③固临县安太区四渠乡有些家长拗不过女儿要求，虽然把她们送入了女冬学，但"学生家长也不愿给学生送面送柴"④。家长们，尤其是已婚妇女的婆婆担心妇女上了冬学，妇女解放了思想而不愿意和包办、买卖婚姻的丈夫继续生活。事实上，许多对包办、买卖婚姻不满意的农村妇女确实有借着上冬学的机会而准备离婚的想法，"据说有的妇女也背着父母自动要求上冬学，而这些人都是对婚姻不满的，她们希望识字以后，找到一些出路。"⑤这更给了家长反对女孩子上冬学的理由。

　　本来，边区政府举办妇女社会教育的目的就是解放妇女，但在抗日战争的大环境下，为了调动各阶层共同抗日，只好将解放妇女的目标暂时放缓，向传统社会习俗做出一些让步。比如在动员妇女上冬学时，和女学员的婆婆、丈夫协商，向家长做出上学期间不离婚的保证。延安市裴庄新文字冬学要求干部"动员女生还必须向父母提出在冬学期间不离婚的保证，然而，不管怎样，父母总是'不放心'。"⑥即使动员的干部向女学生家长做出上冬学期间不离婚的保证，家长们还是对女子上冬学不放心，担心女孩子羡慕有文化的男教员而与丈夫离婚。于是，边区的妇女冬学动员干部们再次想办法解决妇女入冬学被家长阻拦

---

① 《"到冬学去"——记延安市裴庄新文字冬学》，《解放日报》1942年1月11日。
② 《陕西省志·妇女志》，陕西人民出版社，2001年版，第272页。
③ 《新文字运动怎样开展着》，《解放日报》1941年11月12日。
④ 《严重的生活困难影响着固临女冬学》，《解放日报》1942年1月29日。
⑤ 《新文字运动怎样开展着》，《解放日报》1941年11月12日。
⑥ 《新文字运动怎样开展着》，《解放日报》1941年11月12日。

的困难。在全民族抗战的大背景下，动员一切可能的群众参加抗战、支持抗战的任务超过了单纯领导妇女解放的任务。因而，边区政府保证妇女冬学的教员都由女教员担任，杜绝发生上冬学期间女学生和男教员发生感情问题的可能性。绥德分区"在今年女冬学中的困难问题，是群众害怕离婚，经过详细的解释，保证她们入冬学不离婚，并说明女冬学有女教员，群众才放心。"①

冬学期间不离婚的保证，不仅是动员的一种手段，更是落实在教学环节中，冬学里哪家妇女与家庭关系不好，校长和教员就会及时调解，劝她们注意家庭和睦。"在冬学期间，是（要）保证不离婚的。这不但说在口上，妇女冬学教员，也确应想出合理的办法，改善和调整夫妇关系，不要空唱左的高调，给妇女解放，反造成下某种难关。"②这样改变了群众对冬学的认识，家长才敢把女孩子（尤其是年轻的已婚女子）送进冬学读书。妇女冬学里如果没有女教员，至少要有家长熟悉的本地男子当教员，家长才能放心送女孩子或者年轻儿媳妇去读冬学，如延川县一处冬学的女学生表示，先生"就是这本村里的人，他平时就在这个小学校里教书，冬天就教冬学。一个庄上的人，谁都认识谁，跟他学字，家里老人也放心。"③但即使如此，冬学运动中，妇女冬学办学点数目和入学人数远远少于男子，传统上女子无才便是德等传统观念还在影响着妇女社会教育的进展。

四、结语

1.陕甘宁边区妇女冬学是一种具有抗日统一战线性质的社会教育

实现妇女解放是中国共产党领导新民主主义革命的应有之义，社会教育是共产党领导妇女开展自身解放运动的一种有效形式。通过读书识字，了解妇女解放的意义，依靠觉醒妇女自身的力量打破买卖、包办婚姻制度造成的妇女生

---

① 《绥德冬学成立十七处 廿处新文字冬学办学进行顺利》，《解放日报》1942年12月9日。
② 萧云：《新文字冬学里的几个问题》，《解放日报》1941年11月4日。
③ 荆生：《边区妇女又该道冬学里去念书了》，《中国妇女》1940年1月。

活地位低下的状况，实现妇女真正的解放。然而，在抗日战争时期，抗日救亡压倒了妇女解放，抗战动员成为中国共产党和其他各阶级、各阶层最主要的任务，因而社会教育也必须适应抗战的需要。陕甘宁边区的妇女冬学在动员和实际教学中，注意与家长达成共识，为确保妇女进入冬学学习，动员干部和教员保证妇女在冬学学习期间不离婚。由于妇女与家长，尤其是已婚年轻妇女与婆婆建立了家庭统一战线，得到了家长的同意，妇女才有机会进入学校学习。因而，抗战时期中国共产党在陕甘宁边区开展的包括冬学在内的社会教育能够与当前社会主要任务相结合，开展抗日统一战线性质的社会教育，通过动员群众通过读书识字等方式了解抗日战争的意义和中共的方针政策，达到参加抗战、支持抗战的目的。

2. 与受教育者实际需要相结合是社会教育取得实效的关键

群众路线是中国共产党取得近代革命成功的基本经验之一，是否满足群众的需要是中国共产党与近代中国其他政党的主要区别之一。群众是否愿意接受社会教育，关键是看教育的内容是否对群众有用，这是尚未觉醒的中国农民最实际的思维方式。在冬学运动开展之初，县、区、乡政府为了完成上级布置的任务，强制妇女入学，甚至把聋子、傻子放到了应该动员的名单中，而且要求集中学习，每天至少学习三到四个小时。学习内容侧重于政治学习，脱离了妇女生产生活的实际，无法解决妇女生活中的实际问题。因而妇女学习积极性不强，冬学学生流失现象严重。边区政府后来注意到学习内容必须与妇女生产生活实际相结合，确定了群众需要什么就教什么的教学原则。于是，冬学的教学内容不仅仅是识字教育和政治教育，更增添了与妇女生活实际关系紧密的卫生教育、妇幼保健、新式接生育儿方法、珠算等内容。即使最简单的识字教育，其教学内容也是妇女日常生活中见到的物体。由于教学内容紧密结合妇女生产生活实际，为她们所熟知，容易接受，也能把学到的知识应用到生产生活中，受到她们的欢迎，教学效果良好。

（原载《农业考古》2016年第1期）

抗战时期援华医生的群众医疗观及其影响
——以陕甘宁边区为中心的考察

从1935年到1948年，以延安为中心的陕甘宁边区是中共中央所在地，是中国革命政治的指导中心，是中国人民解放斗争的总后方。延安既是进步青年和爱国人士向往和云集的革命圣地，也吸引了一批热爱和平、对中国人民抗日战争深表同情的国际友人聚集在宝塔山下。其中包括中国人民家喻户晓的加拿大共产党员白求恩在内的外国医疗卫生工作者，与中国人民并肩战斗，为中国的抗战做出了特殊的贡献，也对抗战时期各根据地医疗卫生工作有重要的影响。目前关于抗战时期援华医生的研究成果大多侧重于介绍他们治病救人、培养医务工作者、建立现代医疗机构等具体史实[①]，一般性介绍多，专题研究少，因此仍有进一步研究的必要。本文以抗战时期援华医生在根据地开展的医疗卫生工作为切入点，通过《解放日报》刊登的相关资料，考察援华医生对陕甘宁边区群众医疗卫生工作的影响，并在此基础上，进一步分析援华医生的群众医疗观

---

① 关于抗战时期外国医生研究主要的成果有：邵晓秋、温金童：《外籍医生与抗日根据地的卫生建设》，《兰州学刊》2009年第5期；张瑞静：《国际援华医生与晋察冀根据地医疗卫生的开展》，《兰台世界》2016年第2期；张启安：《抗战时期援华医疗队和外国医生的高尚医德》，《中国医学伦理学》，2000年第6期，等等。

及抗战时期抗日民主根据地的群众卫生工作历史经验对推动当代基层医疗卫生工作的借鉴作用。

一、"不要等病人来叩门"

抗战时期援华医生中，中国人民最熟悉的是加拿大共产党员白求恩。毛泽东在《纪念白求恩》中评价说，"从前线回来的人说到白求恩，没有一个不佩服的，没有一个不为他的精神而感动的。晋察冀一带的军民，凡亲身受过白求恩医生的治疗及亲眼看过白求恩医生的工作的，无不为之感动。"①白求恩之所以受到毛泽东的高度赞扬和晋察冀军民的爱戴，不仅仅由于他高超的医疗技术，更由于他对基层军民的热爱和忘我的工作精神。

白求恩到延安后，希望立刻到前线去救治伤员，中央为了他的安全考虑，希望他留在延安，还提供了比较优厚的待遇。对此，白求恩并不"领情"，反倒发起脾气。接到三五九旅王震旅长的电话后，白求恩兴奋得晚上睡不着觉，到三五九旅后方卫生部来不及吃饭就开始查房、做手术。当听说重伤员都在曲迴寺卫生第二所时，他不高兴地质问："你们为什么带我到这儿来？医生是那儿有病人，上那儿去！"。②病人在哪里就到哪里去，是白求恩工作的一个基本原则。当白求恩率加美医疗队到八路军某部后方医院工作时，发现医生和护士不深入病房，他大发脾气，甚至训斥该部卫生部长："我以晋察冀边区卫生顾问的资格来说，这儿的医院是八路军医院当中最坏的一个，这里面存在着很严重的官僚主义的作风，医生不到病房里去，在病房里叫护士，要大声叫好几次才听得到，对伤病员不关心。我们的脸要向伤病员，我们要了解现在的问题，少在办公室，要

---

① 毛泽东选集（第二卷），人民出版社1991版，第345页。
② 周而复：《诺尔曼·白求恩断片（纪念他逝世五周年）》，《解放日报》1944年11月12日。

多深入下层去……"①在白求恩看来,医生护士的工作岗位不在办公室,而应该在病房、在病人身边,不深入病人的医生决不是好医生。

作为一个优秀的外科大夫和战地救治专家,白求恩深知及时治疗对伤员治愈的重要,离前线越近,虽然越危险,但对于战地救治来说,救治越及时伤愈的可能性就越大。因此,到达晋察冀根据地工作后,白求恩总是把手术室设置在离前线最近的地方。在齐会战斗后,白求恩听说子牙河边的王家庄有独一旅的伤员,他要求立刻去王家庄救治。可是,王家庄河对岸就有敌人的据点,哨兵都可以看见对岸的敌人,旅长劝他不要去,提出把伤员抬过来治疗,白求恩告诉他说:"医生坐在家里等待病人来叩门的时代已经过去了。我们要到伤员那儿去,不要等伤员来找我们,哪儿有伤员,外科医生就应该上哪儿去!"②好几次他在距前线很近的地方给战士施手术,炮弹就在屋外爆炸,甚至炸坏了墙壁,他还是坚持着把手术做完。战士们只要知道白求恩大夫在前线,他们在战场上就可以毫无顾虑地投入战斗,因为他们知道负伤后可以得到白求恩大夫的治疗。白求恩提出的"不要等病人来叩门""我们要到伤员那里去"的救治原则,挽救了不少身负重伤的战士性命。在当时的欧洲战场,一般腹部创伤的死亡率都在8%以上,而在冀中敌后根据地那样困难的条件下,白求恩实现了战场伤员75%的治愈率,创造了国际战伤治愈率的奇迹,这正是他坚持把手术室放在离前线最近、实现及早救治的丰厚回馈。

曾被中央医院评为模范医生的苏联医生阿洛夫也是深入基层为患病群众治疗的典范。"远近急症,只要他得到通知,不论风雨昼夜,立即跑去救护。"老百姓马万祥病危时,他十几分钟就从王家坪跑回。党校五部有人中毒,他半夜从枣园跑回又立刻飞马前往救护。像这样的出诊,阿洛夫同志是很多的。据统计:他每天总得跑二十里以上的路程,且从不怕空跑。他说,"宁让医生空跑十

---

① 周而复:《诺尔曼·白求恩断片(纪念他逝世五周年)》,《解放日报》1944年11月13日。
② 周而复:《诺尔曼·白求恩断片(纪念他逝世五周年)》,《解放日报》1944年11月13日。

次，不愿一次不跑使病人不救。"①作为中央医院外科主任，阿洛夫并没有坐在办公室里等病人上门，而是为了方便群众，主动到最需要医生的基层群众中间去，深受群众爱戴，百里外都有患病群众找"外国人"看病。

　　白求恩、阿洛夫所提出的"不要等病人来叩门"、主动深入基层为群众服务的理念，被中共中央和陕甘宁边区政府赞扬，并在医疗卫生工作者和群众卫生运动中大力提倡和推广。以白求恩、阿洛夫为代表的援华医生所提倡的群众医疗观也正是抗战时期中国共产党群众路线在医疗卫生工作中的体现。因此，1944年7月15日揭幕的延安市卫生展览会在杨家岭大礼堂开幕时，会场不仅悬挂了毛泽东"为全体军民服务"的题词，还在题词两旁悬挂有白求恩和阿洛夫医生的画像，这也表明了本次展览会的方向——为群众卫生服务。傅连暲在总结1943年中央卫生处工作时指出，卫生工作者要有"群众观点及群众路线"②，号召医务工作者要深入群众，向清凉山卫生所阮雪华医生学习。傅连暲在1944年中央医院及中央门诊部纪念护士节大会上讲话时提出，"阮雪华同志就是我们的榜样，她能够和老百姓打成一片，不嫌脏，替他们治病，关心他们，大家应该向她学习，认识群众卫生工作的重要，它是有政治意义的。"③蔡畅、杨清在中央总卫生处1944年召开的群众卫生座谈会上号召广大医务工作者要加强群众观点，深入农村工作，为老百姓服务，向阮雪华同志学习，发扬她为群众服务的精神。阮雪华是延安市清凉山卫生所主任，和卫生所的白浪医生经常主动到群众家里去看病，成为延安市东关一带最受群众欢迎的医生。1944年4月25日，延安市卫生合作社开幕，到会群众三千余人，奖励阮雪华、白浪两位医生，延安市马市长亲自为阮雪华医生授予"面向群众"、白浪医生"治病救人"的锦旗，"奖励

---

① 《国际友人阿洛夫同志热爱病人精通医务打破保守观点创造群众作风》，《解放日报》1944年6月29日。

② 傅连暲：《一九四三年中央总卫生处工作总结》，《解放日报》1944年3月1日。

③ 傅连暲：《今年的护士节——在中央医院及中央门诊部纪念会上的讲话》，《解放日报》1944年5月18日。

仪式中充满了群众对于两位医生的热爱"。①清凉山卫生所的经验证明，大批医务干部深入到群众中去，是边区群众所迫切期待的，是群众路线在卫生工作中的具体贯彻，也是认真贯彻白求恩、阿洛夫提出的"不要等病人来叩门""我们要到伤员那里去"治病理念获得群众认可的必然结果。

1944年陕甘宁边区文教大会后，像阮雪华、白浪这样经常主动深入群众治病救人的医务工作者不断涌现。和平医院三部（即中国医科大学附属医院）外科护士吕文轩同志"他实行着白求恩同志的指示——'到病人那里去，不要等病人叫你'。他上班时绝大部分时间是在病房里，帮助病人解除痛苦，安慰病人，因此病人都喜欢他。"②学生疗养院模范护士吴子敏曾是红军战士，参加过长征，后来调到学生疗养院当护士。"今年党号召为群众看病，吴同志几乎每天都牺牲午睡时间，冒着灼热的太阳跑到豆家沟去沿门给群众点眼药、问病；遇到复杂的病情，则详细记录病状，回去时请医生酌情开药。因此极得群众拥护。"③安塞保小卫生所的罗冬祥医生响应下乡的号召，不分昼夜为群众看病，甚至曾在寒冬夜半，赶赴百里外洛河川，为一重病人看病，此后又连去三次直到治愈为止。④正因为延安涌现了一大批深入基层为群众看病的医疗卫生工作者，军民关系、干群关系更加融洽，拉近了"公家人"和老百姓的距离，群众把来到家里为他们治病不要钱的医务工作者当成中国共产党和陕甘宁边区政府的象征。

---

① 《延安市卫生合作社开幕聘中西医多名为群众治病，阮雪华、白浪两医生受奖》，《解放日报》1944年5月18日。

② 《和平医院三部刘庆忠同志一贯勤劳刻苦，吕文轩同志关心病人体贴周到》，《解放日报》1944年6月21日。

③ 《模范护士到处涌现，学疗吴子敏护理伤病员积极工作九年如一日》，《解放日报》1944年6月21日。

④ 《保小罗冬祥医生不分昼夜为群众看病》，《解放日报》1944年10月25日。

二、"一切为了病人"

白求恩得到中国人民的敬仰，不仅因为他有着高超的医术，更在于他有高尚的医德，他舍生忘死地为群众服务的精神。在白求恩逝世五周年纪念的时候，《解放日报》发表了一篇题为《为人民的精神》的纪念文章，认为白求恩最感动人的是他那种爱人民、为人民服务的精神。"在白求恩大夫的心中，除了人民，除了人民的战士，不再有别的。他不知疲劳，忘了饥饿，冒着最大的危险抢救伤员，他的工作是真正到了'忘我'的境界。""正因为这种为人民服务的精神，使白求恩大夫能够想出办法克服任何困难，战胜任何艰苦的环境。"①的确，白求恩一切工作的出发点都是病人的需要，一切都为病人着想："病人需要吗？""病人受得了吗？"这些就是决定他的行动和取舍的标准。

晋北九月的晚上已经相当冷，由于物资匮乏，白求恩工作的医院一些伤病员没有被子盖，当白求恩要求卫生部长和工作人员都拿出自己的被子给伤病员盖时，有的工作人员却不愿意。白求恩对大家说："一个医生，一个看护，一个事务员的责任是什么呢？只有一个责任。那责任就是使你的病人快乐，帮助他恢复健康，恢复力量。你必须看到他们每一个人，都是你的兄弟，你的父亲——因为他是你的同志。在一切的事情当中，要把他放在最前头，被子应该给他们先盖上，你不把他看得重于自己，那么，你就不配从事卫生事业，实在说，也简直就不配当八路军……"说完，白求恩回到房间把自己的被子拿出来给重伤员盖上，卫生部长过意不去，把被子拿回，遭到白求恩拒绝："我不能让伤病员不盖被子，而我自己盖被子。"在白求恩影响下，原来不情愿拿被子的三十多个卫生工作人员，都拿出自己的被子给伤病员盖。这时，白求恩才接受卫生部长的请求，把自己的被子拿回去。②以病人的需要为出发点，一贯是白求恩工作的

---

① 默涵：《为人民的精神》，《解放日报》1944年11月12日。
② 周而复：《诺尔曼·白求恩断片（纪念他逝世五周年）》，《解放日报》1944年11月13日。

原则，给伤病员让被子的事情，给医生、护士上了一堂生动的医德课。第二天该院召开了院务会议，在会上大家对过去工作进行了严格的检讨和自我批评。这次白求恩让被子事件是改善该院工作作风的契机，推动医院医疗工作和服务工作同步前进。

八路军特种医院建成后，白求恩送别三五九旅卫生部政治委员兼卫生主任潘世征时，他们一块从医院驻地顺台阶往坡下走，有一段路少了一块台阶，潘世征同志走在前面，就跳了下去，白求恩在后面问道：

"你跳下去，舒服不舒服？"

"因为不好走，就跳下去，没什么不舒服。"

"伤病员能跳下去吗？"

"不能。"

"这是伤病员要走的路，应该给他们铺好。"

白求恩指着路旁一块四方的大石头说："把这块石头移过来，垫上，就可以走下去了。"等潘世征和白求恩把旁边的石头搬过去垫上，他自己还上去试了试之后才走开。①世界著名胸外科大夫白求恩在晋察冀前线工作繁忙，常常日夜连续工作不能休息，他不仅注意到山坡台阶上少了一块石头，而且能联系到少了一块台阶的下坡路会让伤病员行动不便，只有心怀"一切为了病人"，一切工作以病人为出发点才能做得到，才能真正为病人着想，把病人的生命看得比一切都重要，这是白求恩精神最值得学习的地方。

阿洛夫在中央医院也贯彻了"一切为了病人"的工作方针。1944年6月，《解放日报》报道阿洛夫当选模范医生的先进事迹时指出，中央医院外科在他"一切为病人而工作"的精神下，无论医疗技术、行政管理和业务教育上，都创造了很多光辉的成绩和新的范例。②有一次他收治了一个腹部受伤的病人，腹

---

① 周而复：《诺尔曼·白求恩断片（纪念他逝世五周年）》，《解放日报》1944年11月13日。
② 《国际友人阿洛夫同志热爱病人精通医务打破保守观点创造群众作风》，《解放日报》1944年6月29日。

部流出其臭无比的脓水，医护人员有人受不了捂着鼻子跑出去了，被阿洛夫严厉批评道："哪有嫌病人臭的外科医生呢？都要口罩去掉，锻炼一下自己的嗅觉！"阿洛夫高尚的医德感染了身边的同事们。在阿洛夫的影响和推动下，中央医院已开始转变过去的作风，尤其是阿洛夫"不是为个人的前途而工作，而是一切为了病人的利益"的工作理念更给全院同志以新的思想启示。大家评价阿洛夫：来的时候带来了刚刚问世的磺胺等珍贵药品，走的时候将高超的技术和医德留了下来。他带出的一批弟子在建国后都成了新中国卫生战线上的骨干力量。

　　白求恩、阿洛夫等援华医生所遵循的"一切为了病人"的工作理念也感染和带动了陕甘宁边区的医务工作者，1944年护士节期间表彰了一批模范医务工作者，他们身上都体现了这种理念。前文述及的清凉山卫生所阮雪华、白浪医生的例子就是"一切为了病人"的最好的诠释。延安市东关王志勤的娃娃百日咳病得很厉害。这种病当时很难治疗，最有效的办法就是把得过这种病的人的血液注射到正在患病的人身上。这时候白浪医生自己患百日咳才好了不久，为了帮助群众，她主动给王家娃娃输了一次血。后来菜泽沟一家群众的娃娃患了百日咳，白浪医生又输了一次血。群众看见公家医生输血救自己的孩子，感动得不知怎么表示才好。①阮雪华、白浪两位女医生心中有群众，病人的康复就是自己最大的快乐，正是在这种"一切为了病人"观念的指引下，两位医生成为备受延安市东关一带群众爱戴、视为一家人的好医生。

　　除医生下乡到病人家里治病外，中央卫生处门诊部为便利延安市附近老百姓看病起见，特向所属各卫生科、所，各区、乡政府及村长发出通知，规定自1944年4月25日起，每星期一至星期五上午八时至十一时专为老百姓看病。为照顾路远群众，门诊部对群众患者随到随看，不用挂号，凡来看病的群众只要持有村长以上行政负责人证明信，都一律免费诊治，如遇急症或重病人不能前

---

① 《阮雪华、白浪二女医生热心为群众看病，她们处处关心群众爱护群众，群众也把她们看成自家人》，《解放日报》1944年4月6日。

来的，可以随时请附近卫生科所或本处门诊部医生出诊。但即使如此，有些群众担心照顾病人而耽误家庭生产劳动，还是不愿意到医院看病，中央卫生处遂号召各基层政府建立卫生合作社，由群众自愿入股合作社聘请医生，在群众居住比较集中的地方建立卫生合作社为群众看病。延安市东关卫生合作社成立后，黑龙沟的群众说："这样比到医院好，在医院里招呼了病人，招呼不了家庭。"①这样照料病人方便，也不会耽误生产。虽然经过大生产运动陕甘宁边区渡过了严重的经济困难，但由于国民党政府顽固派的经济封锁和军事包围，边区经济形势仍不容乐观。但即使在经济十分困难的情况下，边区政府对群众患者实行免费医疗、随到随看的医疗制度，建立卫生合作社方便群众看病，这既是中国共产党群众路线在医疗卫生领域的体现，也在相当程度上受到白求恩、阿洛夫等援华医生"一切为了病人"群众医疗观的影响。

三、抗战时期援华医生群众医疗观的当代启示

陕甘宁边区僻处西北黄土高原腹地，交通不便，信息闭塞，经济文化十分落后，以至于在现代西方医学传入中国一个世纪后，陕甘宁边区传染病依然广泛流传，母婴死亡率居高不下，群众大量遭受疾病死亡的严重威胁，不仅不利于生产劳动，而且危及抗战时期人口的繁衍。陕甘宁边区虽有中央医院、白求恩国际和平医院、边区医院三大医疗系统，以及部队医院及一些门诊部，但这些医疗机构基本上以服务机关、部队、学校干部职工为主要工作职责，为群众看病所占比例不高。

1944年春季，伤寒、流行性感冒、吐黄水病、百日咳等在延安附近广泛流传，传染性强，致死率高，引起群众恐慌。1944年5月24日，毛泽东在延安大学开学典礼讲话时指出，"近来延安疫病流行，我们共产党在这里管事，就应当

---

① 《中央卫生处门诊部上午专给群众看病，东关乡卫生合作社开始工作》，《解放日报》1944年5月13日。

看得见，想办法加以解决。"①"（朱德）总司令在延安各界卫生动员大会上说：我们要开展全边区的医药卫生运动，同病疫流行的现象作斗争，做到'人与财旺'，好把法西斯打倒。"② 1944 年 4 月 6 日，西北局办公厅召集延安市及延安县医药卫生机关及党政民有关机关负责同志开会讨论群众医药卫生工作，认为卫生系统存在的主要问题"最主要的是某些医务工作者缺乏群众观点"③，号召一切医务所都要深入农村为群众看病。于是，从 1944 年春夏之交开始，一场以医生下乡深入群众开展治病、卫生宣传、预防疾病及培养农村医疗卫生工作者为主要内容的群众卫生运动深入开展。

虽然中共在陕甘宁边区推行的群众卫生运动并非援华医生直接建议的结果，但援华医生的群众医疗观对中共加强群众医疗卫生工作有相当程度的影响，从 1944 年延安市卫生展览会会场悬挂毛泽东"为全体军民服务"的题词和两边分别挂着白求恩和阿洛夫画像，就能看出二者之间的联系。抗战时期外国援华医生的群众医疗观及陕甘宁边区政府推行的群众卫生运动对于解决疾病对边区群众的严重威胁，降低因病致死率，提高群众身体素质，进一步推进生产运动、支援战争都起了重要的作用，同时对当代做好群众医疗卫生工作，推进新时代农村和谐社会建设也有一定的借鉴意义。

1. 医务工作者要树立以病人为中心的服务理念

白求恩、阿洛夫认为医生不应该坐在办公室里等候病人来叩门，应该主动到病人中间去，要以病人的需要为一切工作的出发点。其实，外国援华医生们所提倡的"不要等病人来叩门""到病人中间去"，就是中国共产党的群众路线的体现和要求。中国的革命、建设和改革开放，一切工作都要依靠群众。"一切为了病人"就是中国共产党的根本宗旨——全心全意为人民服务在医疗卫生领

---

① 《毛泽东文集》（第三卷），人民出版社 1996 年版，第 345 页。
② 康心：《乡村中的妇婴卫生问题》，《解放日报》1944 年 1 月 15 日。
③ 《西北局召集各机关开会决定推进群众医药卫生》，《解放日报》1944 年 5 月 12 日。

域的体现。因此，医疗卫生工作者在社会主义发展的新时代依然要坚持群众路线，把解决好群众医疗卫生方面的问题作为一切工作的出发点和衡量标准。条件较好的城镇医院在继续提高业务水平的基础上，也要深入乡村，做好基层群众医疗卫生工作，开展送医、送药下乡服务，让基层乡村群众能够享受到优质医疗服务，把加强基层医疗卫生工作与扶贫攻坚结合起来，减少因病致贫、因病返贫人数。基层医疗卫生工作者更应该秉持为基层群众服务的工作理念，经常性深入乡村，深入群众，主动上门为缺医少药的群众提供医疗卫生服务。

2. 群众医疗卫生工作不仅是满足基层群众的需要，也是党和政府增强政权合法性的政治要求

1944年西北局在延安市召开的群众医药卫生工作座谈会上，杨清（欧阳钦）在总结讲话时指出：我们共产党人要对群众的"财旺人不旺"的问题负责，因为为群众服务的卫生工作，不仅是具体的群众工作，也是具体的政治工作，[15]他希望党政军民全体同志从思想上认识卫生工作的政治意义与重要性，而动员起来做群众的卫生工作。笔者认为，当前我国医患关系紧张与医务工作者的思想认识有关系，大多数医务工作者认为自己所从事的是技术岗位，医学院校的学生也认为上学期间最主要的课程是医学专业课，很少有人从医疗卫生工作代表了群众对政府治理社会能力的认可度这一政治角度去认识医疗卫生问题。在中国，医疗卫生部门不是纯粹的经济单位参与市场竞争，医疗工作是政府管理社会的能力之一，医疗工作者在群众眼中就是党和政府的形象代表。因此，群众医疗卫生工作从来都不只是单纯的技术问题，也是政治问题。在社会主义新时代，只有不断加强群众医疗卫生工作，提高医疗服务水平，增强医疗卫生工作者的政治意识，才能赢得群众对党和政府的认可，增强其政权合法性基础。

（原载《唐都学刊》2018年第4期）

附　录

陕甘宁边区征购地主土地条例草案[①]

（一九四六年十二月廿八日）

第一章　总则

第一条　本条例依据陕甘宁边区第三届第二次政府委员之决议，在未经土地改革之区域，发行土地公债，征购地主超过应留数量之土地，分配给无地或地少之农民，以达到耕者有其田之目的而制定之。

第二章　征购范围

第二条　凡地主之土地超过下列应留数量者，其超过部分，均得征购之。

一、一般地主留给其家中每人平均地数，应多于当地中农每人平均地数之百分之五十（假如中农每人六亩，地主每人应是九亩）。

二、在抗日战争及自卫战争中著有功绩之地主，留给其家中每人平均地数应多于当地中农每人平均地数之一倍（假如中农每人六亩，地主每人应是十二亩）。

三、地主自力耕种之土地，不得征购。

第三条　地主家在边区外者，应按第二条之规定留给土地，其留给部分，在

[①]《陕甘宁边区征购地主土地条例草案》，佳县档案馆馆藏档案，档案号（1-1-21）。

地主未回边区居住之前，由当地政府代为经管，地主回来后，即交还其自行经管。

第四条　地主如献地后，所留土地超过第二条规定应留地数者，其超过部分仍应征购之，不足应留地数者，由县政府呈请边区政府酌予补发部分公债。

一切非地主成分因无劳动力而出租之土地，亦不得征购。

第三章　地价之评定

第六条①　地价由当地之乡政府协同乡农会及地主具体评定之，其评定标准，应根据各地地价与土地质量之不同，但最高不得超过该地平年两年收获量之总和，最低不得低于该地平年一年收获量。

地广人稀之区域或新开荒地之地价评定标准，不受前项规定之限制。

第七条　地价以细粮与公斗计算。

第八条　被征购土地之地价，采用超额递减办法，地主每人平均所得地价在五石以下者给全价，超过五石以上至十石者，将超过五石之数目减给百分之八十；超过十石以上至十五石者，将超过十石之数目减给百分之六十；超过十五石以上至二十石者，将超过十五石之数目减给百分之四十；超过二十石至二十五石者，将超过二十石之数目减给百分之二十；超过二十五石以上至三十石者，将超过二十五石以上之数目减给百分之十；超过卅石以上者，其超过部分不再给价。

说明：按以上规定，例如：甲地主每人平均所得地价为五石五斗，按本条规定之递减办法应是：五石以下的不减，超过五石之五斗应给百分之八十，为四斗，其实得地价为五石四斗。乙地主每人平均所得地价为二十四石，其递减计算出应是：五石（开始五石给全价）加四石（因五石以上至十石应给百分之八十，所得是四石），再加三石（因十石以上至十五石应给百分之六十，所得是三石），再加二石（因十五石以上至二十石应给百分之四十，所得是二石），再加八斗（因二十石以上至二十五石应给百分之二十，故四石所得是八斗）。以上共计，其实

---

① 档案原文如此，缺第五条。

得地价为十四石八斗。(附印地价递减对数表及地价递减的简便算法于后)。

第九条 各户地主土地之数量,应按其在边区境内所有土地总和计算。

第四章 土地之承购

第十条 政府征购之土地,按征购原价之半数,分配给无地或地少之农民承购,地价分十年付清,家境贫苦无力缴付者,经县政府呈请边区政府批准后可予免付。

第十一条 土地之承购,应以现耕为基础,进行合理之调剂,(此系修改,征购土地之分红,应按人口分红给无地及地少之贫苦农民,使每人所有土地达到数量及质量大体平均)。

第十二条 下列人员有承购土地之优先权:

一、原耕地之贫苦佃农及雇农。

二、家境贫苦之革命死难者之遗族,现役军人之直系家属及复员退伍军人。

以上人员每口承购之土地数,不得超过当地中农每人平均地数。

第十三条 移难民应和当地居民有同等承购土地之权利。

工人、小手工业者、小商人等,须按当地土地情形和家庭生活需要,由乡政府和农会酌规定其承购土地之数量。

二流子承购土地后,须由当地政府管教其勤劳生产,不得任其荒芜。

第十四条 土地之承购,以乡为单位。但在可能与必要时,县政府可在临近乡进行调剂之。

第五章 土地公债之清偿

第十五条 边区政府委托边区银行为土地公债清偿之经理机关。

第十六条 土地公债基金为边区农业税及承购者之缴价。

第十七条 土地公债之票面以细粮计算。

第十八条 土地公债分十年还清,年息千分之五,清偿期为每年秋末。

第十九条 每年土地公债之本息,可以抵交农业税,但只限于本县范围,土地公债可以转让、抵押，但不得在市面流通。

第二十条　关于土地公债之章程，另定之。

第六章　其他

第二十一条　地主典给农民之土地，应在征购之列，其原典价超出征购地价者，地主不退还多收之典价，其原典价低于征购地价者，应将不足之部分补给公债。

第二十二条　地主居住本院以外多余之房屋、窑洞（包括碾磨在内）及地基崖势，皆得以土地公债征购之，并按征购原价之半数，分配给无住处或少住处之人民承购，征购价不得超过当地市价三分之二。佃户居住地主之房屋窑洞，如系佃户亲自建筑者，即归佃户所有，不再给价。

第二十三条　宗教团体及庙院所占有之土地，以当地人民公意决定征购或不征购。

族田（或称社地、祠堂地、坟会地）由乡政府与农会商同族人公意，决定征购或不征购。

第二十四条　地主荒山或"拉荒地"，如其地权无确实凭据者，除给地主留足够耕种之土地外，其余收归公有，如有确实凭据者，除按第二条规定留给地主土地外，其每人平均土地在百亩以内者，根据土地质量及地主实际生活需要，由县政府酌发公债征购之，超过百亩以外之部分，无代价收回公有。

第二十五条　土地上之树木及果园，属于佃户栽种者归佃户，属于地主栽种者归地主。荒山、自生之森林，随地处理。

第七章　附则

第二十六条　地主对土地隐瞒不报，或实行假典假卖等舞弊行为，应没收其隐瞒与舞弊部分。

第二十七条　本条例自公布之日施行。

第二十八条　本条例解释之权，属于边区政府。

地价递减算数表

石\斗	0	1	2	3	4	5	6	7	8	9
5	5.0	5.08	5.16	5.24	5.32	5.40	5.48	5.56	5.64	5.72
6	5.8	5.88	5.96	6.04	6.12	6.20	6.28	6.36	6.44	6.52
7	6.6	6.68	6.76	6.84	6.92	7.00	7.08	7.16	7.24	7.32
8	7.4	7.48	7.56	7.64	7.72	7.80	7.88	7.96	8.04	8.12
9	8.2	8.28	8.36	8.44	8.52	8.60	8.68	8.76	8.84	8.92
10	9.0	9.06	9.12	9.18	9.24	9.30	9.36	9.42	9.48	9.54
11	9.6	9.66	9.72	9.78	9.84	9.90	9.96	10.02	10.08	10.14
12	10.2	10.26	10.32	10.38	10.44	10.50	10.56	10.62	10.68	10.74
13	10.8	10.86	10.92	10.98	11.04	11.10	11.16	11.22	11.28	11.34
14	11.4	11.46	11.52	11.58	11.64	11.70	11.76	11.82	11.88	11.94
15	12.0	12.04	12.08	12.12	12.16	12.20	12.24	12.28	12.32	12.36
16	12.4	12.44	12.48	12.52	12.56	12.60	12.64	12.68	12.72	12.76
17	12.8	12.84	12.88	12.92	12.96	12.00	13.04	13.08	13.12	13.16
18	13.2	13.24	13.28	13.32	13.36	13.40	13.44	13.48	13.52	13.56
19	13.6	13.64	13.68	13.72	13.76	13.80	13.84	13.88	13.92	13.96
20	14.0	14.02	14.04	14.06	14.08	14.10	14.12	14.14	14.16	14.18
21	14.2	14.22	14.21	14.26	14.28	14.30	14.32	14.34	14.36	14.38
22	14.4	14.42	14.44	14.46	14.48	14.50	14.52	14.54	14.56	14.58
23	14.6	14.62	14.64	14.66	14.68	14.70	14.72	14.74	14.76	14.78
24	14.8	14.82	14.84	14.86	14.88	14.90	14.92	14.94	14.96	14.98
25	15.0	15.0	15.02	15.03	15.04	15.05	15.06	15.07	15.08	15.09
26	15.1	15.11	15.12	15.13	15.14	15.15	15.16	15.17	15.18	15.19
27	15.2	15.21	15.22	15.23	15.24	15.25	15.26	15.27	15.28	15.29
28	15.3	15.31	15.32	15.33	15.34	15.35	15.36	15.37	15.38	15.39

续表

石＼斗	0	1	2	3	4	5	6	7	8	9
29	15.4	15.41	15.42	15.43	15.44	15.45	15.46	15.47	15.48	15.49
30	15.5									

说明：第一，在表竖格右边第一行及横格最上一行作为原地价（前者为原地价的石数，后者为原地价的斗数），而其他各行，均为递减后的地价。

第二，查递减后的地价，是先查原地价的石数对应的斗数，原地价石数的横格，与斗数的竖格交叉处的地价，即为递减后的地价。

第三，本表是以每人为单位，若一户有数人者，即将表内递减后的地价乘该户人数，便得该户递减后的地价。

地价递减的简便算法

原地价	超过五石者（5.1—10石）	超过十石者（10.1—15石）	超过十五石者（15.1—20石）	超过二十石者（20.1—25石）	超过二十五石者（25.1—30石）
地价递减级数	第一级	第二级	第三级	第四级	第五级
地价递减率	20%	40%	60%	80%	90%
实得地价的成数	80%	60%	40%	20%	10%
应加数	1.0石	3.0石	6.0石	10.0石	12.5石

说明：求递减后的地价，其公式是以原地价×实得地价的成数＋应加数（应加数是超额递减后的地价与全额递减后的地价之差数）如：

第一，原地价10石×实得地价成数80%＋应加数1.0石＝8石＋1石＝9石（递减后地价）

第二，原地价15石×实得地价成数60%＋应加数3.0石＝9石＋3石＝12石（递减后地价）

第三，原地价20石×实得地价成数40%+应加数6.0石=8石+6石=14石（递减后地价）

第四，原地价25石×实得地价成数20%+应加数10.0石=5石+10石=15石（递减后地价）

第五，原地价30石×实得地价成数10%+应加数12.5石=3石+12.5石=15.5石（递减后地价）

西北局关于发动群众彻底解决土地问题的补充指示①

（一九四七年一月廿四日）

边区土地改革运动已经展开。依据近来的了解，西北局补充提出以下意见。

（一）各地材料均说明，彻底解决土地问题，仍是一个带普遍性的问题。在未分土地地区，过去曾因减租查租和个别清算等斗争，而发动起来的农民还只是一部分，如不坚决彻底从地主手里把地取出来，平均分配，使绝大多数群众都得到利益，即无法发动百分之九十的农民参加这一运动。在已分土地地区，不只是因为分地时战争交错或当时工作上有缺点，有的只宣布了没收地主土地而未实行分配；有的分得不彻底，或者一部分人分得土地未曾管产，或者少数人窃取过多土地，甚至有变成新地主的；以后，有的地主又把农民既分的土地诈取夺去，清涧两区还发现工属、军属收要土地在万亩以上；此外，像延安等县，曾发生老户在土地登记中冒领、多登、私占大量土地，机关、部队、学校也占有很多公地，但移来几万新户却大都没有土地，这样，便有一批农民迫切要求着解决土地问题。此次战争动员中，各地群众出现有某些消极现象，其基本原

---

① 《西北局关于发动群众彻底解决土地问题的补充指示》，佳县档案馆馆藏档案，档案号（1-1-21）。

因即在此。故必须决心用最大力量，求得土地问题普遍与彻底解决，不论未分土地和已分土地地区，均应以此为当前最基本的任务。

（二）这一时期经验证明，征购形式很好。我们用这个形式去最后彻底彻底地把地主多余土地拿出来。但如西北局历次指出，征购只能在群众斗争深入的基础上去实行。形式是公债征购，内容则是退租算账；算账算来的大部分，征购买出的只是剩余；看来是由上而下的法律办法，实质却是由下而上的群众斗争。如无深入的群众斗争，压倒地主，则地主不会交出土地。土地改革的第一个问题是使群众发动起来，地主屈服下去！所有把征购看成是一种恩赐，只由干部包办代替，或不经过群众彻底查租算账斗争，便简单去实行征购，都不能达到彻底解决土地问题的目的。一切要经过群众自己起来动手，群众的事只能群众自己起来解决，才是最有力量和最可靠的，此点必须牢记。

（三）地主屈服交出土地之后，分配就是最重要的问题了。有两种不同的分配方法，一种是贫雇农要求的平均分配方法，一种是富农路线的分配方法，后者极有碍于广大群众的发动。边府条例曾提出"以现耕为基础"调剂分配，怕土地分散，是和群众平均分配要求相违背的。不论农民、工人、乡村贫民或小手工业者、小商人、教员以至巫神等，凡要求土地的都应公平分给。原则是没地的都可得到土地。出外做事以至当兵的人，也一样留给土地，以便争取。最好把算账斗争所得到土地和献地、征购地统拿出来平均分配，大家都得到利益。这种平均分配，并不去变动中农的土地，故不等于平分一切土地。只有这样，才能争取百分之九十的农民赞成，并参加到土地改革运动中来。土地分配是农民内部的问题，分不好便易被地主利用，挑拨农民的内部分裂，必须分的十分彻底，十分公平合理。能一次彻底彻底分好更佳，一次分不好不妨重来。只要群众中间有四分之一的人有意见，就得考虑重新分配。一切要看群众的意见，务求最大多数人都同意。但这不是无限止的年年重分，最后应将土地所有权适时确定下来，使群众安心生产。

（四）我们政策的出发点，就是保持百分之九十的农民赞成并参加土地改革运动，因此：

1. 对地主,既要彻底彻底取消其封建剥削,又要适当留给土地,使他得有活路。地主留地可以比一般中农稍多,但应按当地土地情况和群众要求以及其本身情况而定。当地人少地多的可多留一点,否则少留;地主本身动产多或有工商业的可少留,否则多留一点。至孤老寡幼和烈士遗族,以及有特别功勋的地主,更宜适当照顾。除和土地有关的房、窑、牲畜、农具、肥料及部分牧畜粮食,可以酌情转移外,地主其他财产应予保留。但征购中地主私自送出或典卖土地,一律作为无效,或有献出一部分坏地,企图保留大部好地者,均须动员群众揭发加以拒绝,统一征购过来,不许地主取巧。并防止地主瞒地和"明分暗不分"。

2. 对富农,原则是一般的不去变动,而在地少人多的情况下,征购其出租地的一部分,则是可以的。但切忌打击过重,绝不可损及其富农经济部分,否则,他们跑向地主方面,中农也会恐慌,那就是很冒险的。同时,在富农中要区别新富农与旧富农,要绝对保护新富农经济,后者又要区别劳动勤俭持家的与剥削苛刻立业的,给以不同的处理,前者更要照顾一些。

3. 对中农,决不可侵犯,并尽可能使他们分到一点利益,即使是一棵树、一件家具也好。要争取百分之九十的农民起决定作用,不可不慎。但一部佃中农,在不得不要分出其中部分租种地时,应好好说服,并照顾不可分出太多。

(五)已分土地地区,中心在解决无地或地少的农民的土地问题,并非重分土地,而是采取调剂方针。地主非法夺地,无条件地要发动群众斗争收回。但不一定退还原主,应视其具体情形调济(调剂)之。其余农民之间的问题,均不使用斗争方式,而经过说服、调解和公债征购办法,在农民和睦团结的基础上去解决。

其一般原则如下:

1. 分配公地。机关、部队、学校自己开荒并自力耕种的,或用代价得来的土地,可以保留,其余公地全部交出分配。

2. 征购农民多余土地。凡有多余土地,耕种不完或出租给别人者,其多余部分可说服以公债征购之。

3. 干部或干部家属多取土地，经说服与照顾之后，一律退出。以上收得的土地，均统一合理调剂分配给无地或地少的农民。

4. 其他土地纠纷依据具体情形个别调解。

5. 绝不可变动新上升富农的富农经营部分，对过去地主同样应留给和当地中农一样的土地。

（六）为进行征购和分配土地，各乡应设立土地委员会，以贫农、雇农为骨干，并须经县政府批准，在政府领导下，负责此项工作。各乡土地，先由此委员会统计勘核，依据当地情况，议定分配标准和具体分配计划，然后出榜公布，发动群众讨论修改，直至大家无意见时才作最后决定。分配确定后，便进行丈量立界，在经群众相互检查，经大家同意后，最后烧毁旧契重立新契，由政府登记，确定地权。

（七）乡一般是进行土地分配的单位，但乡与乡间土地、人口比例悬殊太大的，应加调剂。县政府应统一掌握各乡土地的分配，指定各乡分配范围（分多少？那些地方？）避免农民间闹本位主义。在分配中，严禁干部多分土地。此次征购出来的土地，机关部队一律不得以任何借口留取任何一部，否则，必然脱离群众。

（八）土地改革和战争动员（参军、参战、组织民兵等）和今年大生产等结合问题，上次指示已经讲过了，这里不去再说。只重复指示，凡对抗党的政策和严重侵害群众利益的蜕化分子，必须一律清洗出去，在群众运动中发展党、改造和提高农村支部，并巩固和加强乡村政权。所有干部均应在这一伟大的斗争中，注意学习，认真检查和改进工作作风，贯彻群众路线。

（九）边区此次土地改革，务须争取在春耕前大体解决，并力求在今年以内彻底完成之。就全边区来说，土地改革运动中心仍在未分田地地区。已分土地地区，土地问题多的地方，亦当以解决土地问题为中心，而土地问题少的或无土地问题的地方，则以生产为主，边境地方以生产自卫结合为主，不可分散力量、打乱步骤。榆林新区今年春季亦应继续发动群众，进行减租、诉苦、算账等斗争，准备今秋实行征购，以求在明年春耕前彻底解决土地问题。

（十）以前派到各地帮助土地改革运动的工作团，一律仍留原地继续工作，并由延安边区一级机关，再组织五百至六百干部，在月底前分派各地，以加强此项工作的力量。各部队政治机关均抽调一批干部，协助当地群众解决土地问题。

土地改革为一极其复杂、极其巨大的工作，此时我们经验尚不多。运动愈前进，新的问题必将不断出现，需各地领导机关随时切实了解，细心研究，灵活运用，并及时报告西北局。

关于土地问题的指示①

（一九四六年九月一日）

根据西北局常委会关于土地问题电示方针，及近月来绥、米、佳、清所发生的归地、献地、查租、退租等情况的多次研究，提出如下指示：

（一）自从新的土地政策在干部中传达以后，及七月初传出拟以土地公债解决土地问题的消息，边府公布查租、保佃指示以后，使干部与群众极为兴奋，特别是贫雇佃农希望得到土地，而地主实质上虽不满意，但由于历年来减租、保佃，负担以及各种解放区清算斗争等影响，精神上亦多有所准备。口头上也表示拥护解决土地问题，因此在神府区域清算归地的直接影响下，佳县车会区自发起来归地。清涧在乡村干部认识下，亦进行归地。绥米在向党员干部及开明士绅个别活动后，开始献地行动。在这中间，土地问题研究会经过研究，及地委几次讨论结果，认为我们对土地政策及方针的掌握，基本上还是对的，但个别县在个别问题上是有原则偏差的。

（二）警区虽大部分地区土地未分配，但地主土地逐渐转移到农民手里的已近半数，但分散甚不平衡，部分村庄已基本解决了土地问题（如王家坪、王木新庄等），部分村庄农民不仅未得到土地，且因地主光卖远地，加强近地经营捣

---

① 《关于土地问题的指示》，佳县档案馆馆藏档案，档案号（1-1-21）。

动，农民尚受着严重影响（如杨家沟、延家岔等）。故今后的要求是彻底消灭封建剥削，以达到"耕者有其田"，以便进一步的团结群众、发展生产、发展经济与巩固边区。这就是我们解决土地问题的明确目的。但由于边区是我党所在地，是全国政策的标志地区，在历史上、地位上，与土地关系上，都不同于其他解放区，因之我们必须采取稳妥步骤，与妥善办法慎重处理之。

（三）在解决与处理土地问题中，思想上、行动上必须有明确的阶级路线，必须使干部透彻了解解放战争时期的土地政策，与目前土地政策的不同点，必须纠正部分干部尚未认清过去分配土地中左倾错误，而留恋过去老一套做法的思想偏向。必须了解今天在解决土地问题上的阶级路线是依靠雇农、佃农、贫农，团结中农以至富农，照顾中小地主，照顾与我合作的开明士绅及其他人士，达到巩固农村统一战线、消灭封建剥削的目的。必须了解执行土地政策时，不能忘记经济政策，不能妨碍吴满有方向，故必须强调不侵犯中农及新富农的利益，甚至应使中农尽可能得到少许利益，旧富农在群众起来时，也只能打击其封建剥削部分，对地主也应留下他较多于中农的土地，而免逃跑出去，增加敌人的力量。因之，目前解决土地问题比过去更加困难，但必须解决得更为妥善且周到，以利团结各阶层力量，有效的粉碎蒋军进攻，保卫和平民主及我们的安乐生活。

（四）根据目前边区及警区的具体情况，目前的中心工作应是认真发动群众积极生产备战，应适当纠正目前干部与群众对于解决土地问题的急躁心理，而目前仍本着边府七月十八日的指示，彻底进行查租保佃，从打击违法的恶霸地主与领导农民依法取得其应得利益的过程中，加强农会、发动与团结农民，积极参与民兵及各项备战工作。至于彻底解决土地问题，仍宜以发行土地公债为基本办法。目前绥（绥德）、米（米脂）两县应认真协助边区调查组进行典型研究，以求提出公债购买办法，以便今冬普遍实行。

（五）查租中应按四零年规定减租条例后即开始，凡未按照条例减租之地主与富农（中农、贫农及抗工属、鳏寡孤独出租土地者例外），一般的地均应退租，无粮退者折地或其他财产均可，但一般的均不应加利。若退租使地主不能维持其相当于中农生活之条件时，应说服群众宽容豁免。对个别违法的恶霸地主，确因捣动（倒卖）土地、明减暗不减或将地价直接变为高利贷，使农民受到损害者，应进行适当斗争并酌加年利，以推动查租退租与补偿农民损失。凡违法收回土地者，应即退还农民，但已转典或转卖给另一农民时，应按具体情况予以调解。若逼迫农民高价典地或买地，而农民无法付价时，应酌予减低地价或分期交价，但变更土地之使用权或所有权，均应等到秋收与种冬麦之后，以免妨碍生产。

（六）对于未解决问题乡村农会必须切实加强，清查会员思想成分，必要时入会应有介绍人，使农会成为团结农民、向地主进行合理合法的斗争，并能坚决保护农民利益的团体。对已解决土地问题的乡村，应仿效王家坪，建立乡村核心，进行乡村自治，积极发展生产与普及乡村文化。

（七）地主献地是解决土地问题的一种辅助方式，原则上应该欢迎，但不应再发动，造成普遍动员，而引起地主之疑惧，与富农、中农之不安。更不宜造成分地印象。因此，目前献地运动应采取收缩方针，党政人员不应再作股东献地之活动，地主富农已献出之地，等待秋收与种冬麦后再做处理。但秋苗应原谁种仍属谁收，麦地原谁种，今年仍归谁种。已献出之地，如查出未减租者，暂不退租，待秋收后以其献地处理之。中农献出之地，立即原数退回。地主今后如真正出于自愿要献，还应接收。富农再献则不应接受。对献地，亦不必宣传，而主要应宣传地主违法捣乱土地，农民因未减租而受之痛苦，与向地主之斗争情况，及已得到土地之农民生活上升，土地改良，作务提高，文化普及等情况，以证明农民要求土地之迫切，与解决土地问题以后之良好结果。

（八）已分配土地区域的土地问题，仍依照高干会所决定的调节纠纷、确定地权的方针进行，并曾确定如下几条原则：

1. 解放战争时分了土地，但地区又曾被敌人占领，土地被地主收回，以后再未归给农民，一般的不翻动，因时间已久，一动即大乱，应以减租办法使农民逐渐得到土地。

2. 解放战争时未被敌人占领地区，农民分得土地被地主收去的，应即发动农民要回，但农民始终未能营产者则不同。

3. 其他农民与地主之间的地权纠纷（包括窑洞等），在保障农民已得到利益，又适当照顾地主，使其能够生活的原则下仲裁之。

4. 农民相互间的地权纠纷，一般的在现状基础上加以调解，调解依据两点：①第三次分田册。②更重要的是现在的劳动态度。调节必须经过农民商量，处理必须慎重适当，可斗一下奸猾分子，但要不妨害新富农民利益，并照顾所有农民的团结。

依据上述原则，清涧、佳县的归地发动，显然是不妥当的。清涧在发动起来之后，不但未能设法制止，且决定主动领导去归，提出"取长补短，抽肥补瘦"的处理办法，并要求愈快愈好，以迅雷不及掩耳之势，十天半月解决问题。实际上打击了吴满有方向，引起相当的混乱。这在原则上是有偏差的，因此应向干部及群众进行解释，尚未归者，停止再归，已归者经过群众商量，采取个别处理，一般的过去是地主，今天仍是地主，而农民已将地收回者，除应留给地主必需的生活条件（相当于贫农或中农）外，可归农民所有。旧富农今天仍进行封建剥削之部份，可归分地之农民，新富农和中农则不应侵犯其利益。总之，应以今天的成分及今天的劳动态度作为调解的依据，但土地之使用权及所有权，必须在今冬再行确定。

（九）米脂地主低价卖地，可让原租户在不妨碍其生活条件下去买，但目前普遍的一律规定过低之低价（如好川地每垧四斗）有所不宜，且连同青苗买回更加不当，因这样会造成农民斗争与地主的恐慌，故希适当予以纠正。

（十）今冬拟普遍实施土地公债，并处理献地、归地及查租中的土地问题，情况复杂，问题繁多，希各县即刻成立土地问题研究会，加以调查研究，除将所发表格按时填好送来外，并将其他问题及解决办法等随时报告前来，以便研究。

后　记

本书是 2019 年陕西社科项目:《1940 年代陕北老区佳县土改研究》（2019H012）的最终研究成果，西安医学院博士启动项目：解放战争时期佳县党史资料整理与研究（2020DOC33）的最终研究成果，亦是2022年国家社科基金一般项目：陕甘宁边区土改档案收集、整理与研究（1946—1949）（22BZS133）的阶段性成果。本书围绕陕甘宁边区土地改革、社会教育、群众医疗卫生等方面开展研究，大多基于榆林市档案馆佳县档案馆保存的原始档案，这些档案多是学界此前从未或极少使用过的，因此整理、发掘、使用原陕甘宁边区县级档案，是本书最大的特色。书中部分文章已经在《党的文献》《党史研究与教学》《河北学刊》《学术界》《中国延安干部学院学报》等学术刊物发表。

自 2015 年开始陕甘宁边区研究以来，笔者多次赴佳县档案馆收集资料，到佳县、米脂县开展口述访谈，得到多方帮助与支持。特别感谢我的博导付建成先生的悉心指导，他使我拓宽了学术视野，带我走上了陕甘宁边区研究之路；感谢南京大学岳谦厚教授、天津大学杨东教授、南京理工大学陈钊教授、陕西理工大学李巧宁教授、太原科技大学张国华副教授、西北大学张戈博士、李晓东博士在我求学及研究过程中提供的帮助。感谢我的父母一直以来默默支持，仅此书作为回报！感谢我的夫人金娟女士大力支持使我得以有充足精力从事研究，在我最困难的时候给予的精神鼓励和支持是我前进的动力！感谢西北大学出版社张静女士在编辑与出版中耐心沟通与帮助！向在本书写作与编辑出版过程中做出贡献的其他师友致以诚挚的感谢！

张雨新

2023 年 12 月 22 日